重庆文化研究

Chongqing Cultural Research

壬寅秋

蔡武 题

《重庆文化研究》出版工作小组

主　任　　刘　旗
副主任　　朱　茂
主　编　　刘建国　宋俊红　严小红　刘德奉
　　　　　　刘春泉
执行主编　刘德奉
编辑部主任　黄剑武
编　委　　黄剑武　王美木　周津菁　魏　锦
　　　　　　邹俊星

重庆市文化和旅游研究院　编

西南大学出版社
国家一级出版社　全国百佳图书出版单位

图书在版编目(CIP)数据

重庆文化研究.壬寅秋/重庆市文化和旅游研究院编.--重庆:西南大学出版社,2022.10
ISBN 978-7-5697-1620-7

Ⅰ.①重… Ⅱ.①重… Ⅲ.①地方文化—研究—重庆—2022 Ⅳ.①K297.19

中国版本图书馆CIP数据核字(2022)第159447号

重庆文化研究·壬寅秋
CHONGQING WENHUA YANJIU REN-YIN QIU
重庆市文化和旅游研究院　编

责任编辑	畅　洁
责任校对	朱司琪
书籍设计	杨　涵
排　　版	杜霖森
出版发行	西南大学出版社(原西南师范大学出版社)
	地址:重庆市北碚区天生路2号
	邮编:400715
	市场营销部电话:023-68868624
经　　销	新华书店
印　　刷	重庆紫石东南印务有限公司
幅面尺寸	210 mm×285 mm
印　　张	9.5
插　　页	8
字　　数	248千字
版　　次	2022年10月　第1版
印　　次	2022年10月　第1次印刷
书　　号	ISBN 978-7-5697-1620-7
定　　价	35.00元

重要任务：促进人民精神生活共同富裕

邓小平提出：在抓物质文明建设的同时，决不能忽视社会主义精神文明建设，要两手抓，两手都要硬。

习近平总书记指出：我们说的共同富裕是全体人民共同富裕，是人民群众物质生活和精神生活都富裕。这是对中国特色社会主义进入新时代的新认识。这一新认识体现的是物质文明和精神文明发展的新变化、新要求、新目标、新期待，以及对精神文明的新诠释。我们必须充分理解，科学把握，认真落实。

新认识。改革开放后，我们党深刻总结正反两方面历史经验，认识到贫穷不是社会主义，打破传统体制束缚，允许一部分人、一部分地区先富起来，不断解放和发展社会生产力。党的十八大以来，党中央把握发展阶段新变化，把逐步实现全体人民共同富裕摆在更加重要的位置上，推动区域协调发展，采取有力措施保障和改善民生，打赢脱贫攻坚战，全面建成小康社会，为促进共同富裕创造了良好条件。现在，已经到了扎实推动共同富裕的历史阶段。

习近平总书记强调：共同富裕是社会主义的本质要求，是中国式现代化的重要特征。我们说的共同富裕是全体人民共同富裕，是人民群众物质生活和精神生活都富裕，不是少数人的富裕，也不是整齐划一的平均主义。

新变化。中国特色社会主义进入新时代，我国社会主要矛盾已经转化为人民日益增长的美好生活需要和不平衡不充分的发展之间的矛盾。我们已经全面建成小康社会，正在朝着共同富裕的目标扎实迈进，人民群众对精神文化生活有了更多的期盼和更好的要求。

新要求。习近平总书记强调：在全面建设社会主义现代化国家新征程中，我们必须把促进全体人民共同富裕摆在更加重要的位置，脚踏实地、久久为功，向着这个目标更加积极有为地进行努力，促进人的全面发展和社会全面进步，让广大人民群众获得感、幸福感、安全感更加充实、更有保障、更可持续。

新目标。习近平在省部级主要领导干部"学习习近平总书记重要讲话精神，迎接党的二十大"专题研讨班上指出，党的十九大对全面建成社会主义现代化强国作出了战略部署，总的战略安排是分两步走：从2020年到2035年基本实现社会主义现代化；从2035年到本世纪中叶把我国建成富强民

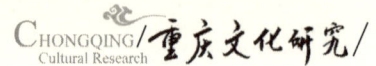

主文明和谐美丽的社会主义现代化强国。

新期待。满足人民过上美好生活的新期待,必须提供丰富的精神食粮。宣传思想文化工作适应新期待新要求,就是要将人民作为文化建设的主人、文化表现的主体、文化活动的主角、文化评判的主裁。

因此,本书在政策研究中,策划了关于促进人民精神生活共同富裕这个主题。在思想界、理论界对此已经进行广泛深入研究的基础上,我们着眼于基层工作的开展、文化对精神生活的贡献、广泛的精神生活环境培育,提出了一些拙见,意在抛砖引玉,使全社会在促进精神共同富裕的过程中,更加重视文化建设,更加重视文化滋养,为促进人民精神生活共同富裕发挥更大更好的作用。

编者

2022年10月1日

目 录

政策研究

1 发挥优势,把握规律,打造成渝地区非遗游福地　唐建军

6 促进人民精神生活共同富裕　魏锦

9 推进重庆城市精神生活共同富裕研究报告　陶宇

14 "三生合一"与乡村精神生活共同富裕
　　　　——以重庆市武隆区火炉镇为例　郭凌燕

文艺评论

18 不如怜取眼前人
　　　　——观川剧《中国公主杜兰朵》　谭竹

21 重庆市文化和旅游研究系列评论
　　　　——评重庆曲艺的创新和发展

基础研究

42 《史记》谶纬研究　张银轩、张草

50 地域民族文化视野中的酉阳地区文学　向笔群

55 瓦尔堡研究院美术史家弗朗西斯·耶茨研究　刘晓杰、杨贤宗

61 川江号子在中国水系音乐文化中的当代表达　邹俊星

68 民国海关档案中的万县"神兵"事件　林豪

巴渝文化
77 涂山禹庙考辩　陈猷华
82 重庆码头文化评说　李正权
90 巴蜀译翁杨武能：翻译家，歌德学者，作家，永远讲不完的故事　任竞

人物风采
95 周利的京剧人生　王美木

文化记忆
120 重庆清代地契档案文化赏析　黄玉才
127 我与百岁文学大家王火早前的"隔空交往"　庞国翔
131 记张德成的川剧高腔表演　胡平原

艺文空间
137 艺苑
153 为书香重庆建设提五点实作建言　蓝锡麟

发挥优势，把握规律，打造成渝地区非遗游福地

唐建军
(文化和旅游部民族民间文艺发展中心)

非遗游是指以非物质文化遗产为重要游览对象的旅游活动，是旅游发展到高级阶段的成果，是用非遗加持旅游的产物。非遗游是一种既古老又新鲜的旅游形式。说它古老，是因为这种旅游类型早就存在。说它新鲜，是因为非遗游名称少见提及，非遗游业态还没有得到命名。非遗之于旅游，有如盐之于水。自2018年文化和旅游部组建以来，在政府大力推动下，非遗游从自发走向自觉。目前，"旅游+非遗"已成为旅游景区景点内容建设的通行做法，旅游市场基本实现非遗全覆盖，非遗游成为文化和旅游融合过程中话题量最多、成效最显著的部分。但是，非遗还没有被旅游界正确、充分认识，非遗的作用还没有充分发挥。

成渝地区发展非遗游具有五个优势。一是资源众多，仅国家级非遗代表性项目就有206项。即使一天看5项，也要一个多月。二是品位高，入选联合国教科文组织非遗名录的有格萨(斯)尔、四川皮影戏、蜀锦织造技艺、羌年4项。三是特色强，如川剧，有变脸、藏刀、钻火圈、开慧眼等独门绝技，表演生动活泼，语言幽默风趣，场面火爆热闹，内容新奇有趣，很有吸引力。四是文化生态好。仅四川境内就有国家历史文化名城8个，中国优秀旅游城市21座，全国重点文物保护单位128处，省级重点文物保护单位576处。五是效益好。自贡灯彩占全球90%份额。

作为传统文化的精华，非遗是自然、人文、社会生态的综合性产物。成渝地区发展非遗游具有七大先天优势。一是美名。巴蜀地区素称"天府之国"，土壤肥沃，物产富饶，人才辈出。二是地理位置优势。巴蜀地区横跨胡焕庸线，位于"一带一路"和长江经济带交汇处，是西部陆海新通道的起点，具有连接西南西北，沟通东亚与东南亚、南亚的独特优势。三是美景。这里地势多样，山川俊美，青峰竞艳，丹壑争流，有世界自然遗产4项、世界文化遗产2项、世界自然文化双遗产1项、世界地质公园3处。四是生态环境优势。境内气候温和，植被茂密，物产丰富，在四川盆地就有植物近万种，是大熊猫、金丝猴、大鲵、珙桐、苏铁、桫椤等珍稀动植物的家园。五是美德。巴渝人民具有积极开朗、悠闲自在、热情好客的性格，勤劳勇敢、不怕困难、勇往直前的品质。六是美谈。四川"天府三九大、安逸走四川"和重庆"山水之城、美丽之地"的旅游形象日益闻名，大熊猫化身北京冬奥会吉祥物冰墩墩，太古里、宽窄巷子、李子柒、丁真、重庆洪崖洞、来福士水晶连廊等成为旅游推广范例。七是经济

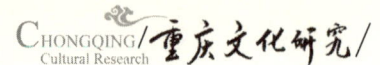

高质量快速发展的基础优势。这里是西部地区人口最密集、产业基础最雄厚、创新能力最强、市场空间最广阔、开放程度最高的区域。正是这七大优势做保障，《成渝地区双城经济圈建设规划纲要》提出的建设高品质生活宜居地、世界级休闲旅游胜地的目标才能实现。

非遗游快速发展，涌现出一批优秀案例，同时出现了不少失败的操作。总结正反两方面经验教训，可以发现非遗游具有如下几条规律。

一是活态性规律。非遗是遗产，但不是没有生命的物质遗产，而是以人为载体的活的遗产。活态性是非遗的本质属性。联合国教科文组织颁布的《保护非物质文化遗产公约》明确指出非物质文化遗产世代相传，在各社区和群体适应周围环境以及与自然和历史的互动中，被不断地再创造。世代相传、互动和再创造为活态做出根本规定。事实上，非遗的活态性，是由非遗载体的身体属性、实施的活动属性、延续的传承属性、环境的社会属性规定的，表现在环境、种类、内容、形式、功能等多方面。活态性是非遗游生命力的保证。发展非遗游，需要保持非遗项目及生态的活态性，离开对非遗活态性的保护，犹如把鱼提出水面，非遗游将难以为继。

二是整体性规律。非遗不是独立存在物，其与当地的社会人文、自然等密切相关。整体性是非遗的内在属性。非遗的整体性包括两层意义，首先是项目自身的整体性，包括传承人、知识理念、技能、实践活动等。其次是环境的整体性，包含自然、人文、社会生态等。非遗的整体性决定了非遗游的整体性。在发展非遗游的过程中，要注意研究各个项目的整体性内涵。在时间维度上，要厘清项目的历史，深挖项目的思想内涵，以提升项目的经济附加值。在内容维度上，把自然生态、生产生活方式、人文背景加以统筹规划，增强项目的内涵广度、思想深度和活力指数。尤其是要实现作为被观看对象的当地居民的获利诉求，维护当地居民作为传承群体的正当利益，为顺利开展非遗游奠定基础。在操作维度上，以文旅部门为主导，农村、林业、资源、土地等其他部门共同参与，以旅游企业为主体，和其他相关部门齐心协力发展非遗游。

三是全域性规律。按照《中华人民共和国非物质文化遗产法》的规定，非遗是世代相传的各种传统文化表现形式。在各级政府命名保护的非遗项目之外，还有更多没有被列入保护名单的非遗项目。所谓一方水土养一方人，十里不同风，非遗的分布是全域性的。非遗的全域性为全域旅游提供了理论基础，为全域旅游的开展准备了前提条件。在发展全域旅游的过程中，充分发挥非遗的丰富性，可以提高旅游产品供给能力，满足大众旅游的需求，避免旅游开发中的千城一面、千村一面、千景一面，减少节假日知名景区的客流压力，促进景区均衡发展，推进全时旅游迈上新台阶。发挥非遗的独特性，有利于发挥人无我有的优势，打造目的地专属品牌，促进分众旅游发展。发展全域旅游反过来也可以深化人们对非遗的认识，推动非遗保护。保护非遗并非只是传承人和项目保护单位的责任。许多项目都是全民性或者地区性的，分布远超项目保护单位甚至文化生态保护区范围。例如，春节、元宵节等节日的保护单位是文化和旅游部。显然，单靠文旅部是无法保护好这些节日的。这些节日是中国人的身份特征，保护这些节日是全体中国人的义务。

四是深度体验性规律。以未进国家保护名录的非遗项目汉服为例，非遗内涵博大精深，走马观花难得其趣。汉服作为中华优秀传统文化形象体系的重要表征，以中华传统哲学思想为内核，包含古人关于自然与宇宙的知识、宗教信仰、理想追求、族群历史、制度仪范、美学倾向、手工技艺等多方面内容。其作品包含中华文化精神、中华制度文明、中华传统服饰形制三个组成部分，具有不可替代的思想价值、政治价值、社会价值、艺术价值和经济价值。非遗又是通过人的活动展现出来的，通过与传承人的心灵沟通，达到游览过程的共情，这就产生了非遗游的深度体验性规律。利用这条规律，让游客获得深刻的文化旅游感受。利用好这条规律也有利于提高对游客的认识，真正把游客当作客人，而不是事不关己的游人，拿出目的地主人的礼仪规范，与游客分享地方文化。

不难发现，发挥好前述的诸多优势，运用好非遗游基本规律，成渝地区非遗游的发展前景敞亮而广阔。

一是可以打造非遗游观光福地。作为传统旅游胜地的名山大川，往往因自然人文之盛而孕育了高度发展的非遗。只是在旅游发展初级阶段，这些蕴藏在大自然中的瑰宝，大多数未成为主要旅游吸引物而已。如南坪曲子，又名南坪小调，语言朴实，抒情优美，乡味浓郁，成就了九寨沟"弹唱的世界，弹唱的海洋"的美名，使九寨美景更加迷人。

绿水青山就是金山银山，绝大多数非遗藏在深山人未识。这些地方或者一派田园风光，或者是传统村落遗珠，非遗资源丰富，地方文化特色明显，景色往往不输景点。如秀山花灯、酉阳土家摆手舞、宝兴硗碛多声部民歌的产地。彭水阿依河景区融山、水、林、泉、峡于一体，集雄、奇、险、秀、幽于一身。徒步穿行，可观奇花异草，古藤老树；荡舟江上，可享激流险滩，惊涛碧浪；夜宿山寨，可品苗家美味，体验民族风情，是休闲观光、民俗体验、户外攀岩及水上运动的首选之地。更让人感到惊奇的是这里的苗族民歌，当嘹亮、深情、柔婉的苗族歌声响起，让人感到天籁与人籁共鸣，美景与美声齐至。

此外，许多非遗项目本身也极具观赏价值。如成都漆艺，以雕嵌填彩、雕填影花、雕锡丝光、拉刀针刻、隐花变涂等极富地域特色的修饰技艺闻名于世。成都漆器以天然生漆、实木为原料，胎体不拘，做工讲究，是集艺术性和实用性为一体的手工制品。漆器工序繁多、制作细致、耗时长。

二是打造非遗游康养福地。四川有"天府之国"和"中医之乡、中药之库"的美称，全川中药资源有五千余种，约占全中国中草药品种的75%，其中著名道地药材和主产药材30余种。

三是打造非遗游休闲福地。"少不入川，老不入蜀"是成渝地区休闲福地的真实写照。在这里可以品戏，如川剧、阆中南部县的皮影戏、资中的木偶戏。川北大木偶是世界稀有的木偶剧种，传承了最古老的木偶艺术，弥足珍贵，价值很高。其偶身高大，酷似真人，五官灵动，四肢灵活。在这里可以听曲，如成都的扬琴竹琴清音、重庆的车灯。车灯又称"车幺妹""幺妹灯""车车灯"等，兴于明末清初。车灯以四川方言演唱，载歌载舞，活泼欢快，易学易唱，流传十分广泛。在这里可以品酒，如五粮液、郎酒、水井坊。在这里可以品茗，如雅安黑茶、蒙山茶。在这里可以享受美食，如重庆火锅、郫县

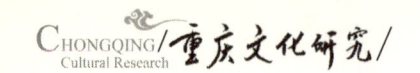

豆瓣、三台豆豉、涪陵榨菜。还有各种小吃，如历史悠久的江津米花糖。在这里可以享受节日，如丰都庙会、自贡灯会、都江堰放水节、羌族瓦尔俄足节。

四是打造非遗游学福地。成渝地区是非遗游资源富集地。在文化方面，有汶川羌戈大战、金阳毕阿史拉则传说、走马镇故事等。"摆龙门阵"是当地人的生活习惯。"广阳民间故事"是广阳镇广泛流行传播的民间传说和故事的总称。内容有神话传说、地方风物故事、历史人物故事、生活故事及笑话等，种类繁多，其中本土传说、本土地名来历等故事的数量、完整程度尤为突出。如神话故事有反映日月现象的《破鼓救月》《公鸡为啥早晨叫》等，反映地名由来的有《广阳坝的来历》《明月沱的鸡刨凼》等，反映江河文化的有《鲁仙庙的传说》《大佛寺的传说》等，还有大量与抗战相关的故事。在技术方面，有都江堰、针灸、石柱吊脚楼等。都江堰是世界文化遗产、世界灌溉工程遗产，李希霍芬称赞"都江堰灌溉方法之完善，世界各地无与伦比"。在艺术方面，有万州金钱板曲艺等。金钱板是川渝两地民间传统说唱曲艺品种之一，由快板、莲花闹演变而来，表演以打、说、唱、演四种表现形式为主，表演者可男可女，可老可少，且不择场地。其特点是结构完整，音韵和谐，节奏明快，形象鲜明，道具简单，演唱灵活。在手工技艺方面，有唐卡、竹编、蜡染、刺绣等。据《泸县志》记载，泸州分水油纸伞起源于明末清初，至今已有四百多年的历史。以传统手工方式制造的桐油纸伞至今仍显示出古老工艺的独特价值。分水油纸伞选料精细，上油厚重，绘图雅丽，呈现出民间传统的艺术特色。分水油纸伞以泸州当地盛产的桐油、楠竹、水竹、岩桐木、皮纸等为原料制作而成，伞身轻便美观，伞面诗画兼备。泸州油纸伞制作流程复杂，一把油纸伞要经过锯托、穿绞、网边、糊纸、扎工、幌油、箍烤等九十多道工序才能完成，缺一不可。成都市战旗村深度打造具有川西传统文化风韵的"乡村十八坊"，榨油坊、酱油坊、布鞋坊、竹编坊、郫县豆瓣坊等传统手工作坊数不胜数，发展以传承非遗技艺为核心，集产品制作展示、参观学习、体验销售于一体的文商旅综合体，成为乡村振兴样本。

五是打造非遗游人文福地。川渝地区知名考古遗址有三星堆遗址、宝墩遗址、城坝遗址、罗家坝遗址、汉东城遗址、江口遗址、金沙遗址、邛窑遗址等。在民间艺术方面，有布拖北川口弦音乐、绵竹木版年画、甘孜藏族唐卡、川派盆景等。布拖彝族口弦在当地被称为"勒果"，产生于新石器时代，是原始社会乐器的遗存。布拖彝族口弦长期保持着传统样式，制作精美，流布广泛，乐手众多。彝族谚语称"口弦会说话"，是因为口弦具有模拟言语、表达语言的功能。口弦乐曲音量不大，但音色变化多端，代表曲目有《彝族口弦》《口弦情》《口弦声声》，是民族音乐学研究的重要对象。在民间风俗方面，有羌族碉楼、美姑凉山彝族尼木措毕祭祀、彝族婚俗与服饰。三汇彩亭会是流传于渠县三汇镇的一种传统民间文化活动，以亭子造型和表演为主要特点，每年农历三月十六日至十八日在街道或广场进行表演。彩亭是彩亭会中最突出的表演形式，表演时，约四平方米的平台上竖立一根底柱细长而分节、首尾相衔的杆子，杆子上支架（铁环）横伸斜展，"饰幼孩为戏妆，缚于舆杆上，用机环转动舁游"，将戏文或生活中的人物、故事表演出来，叠成三到五层，高八至十米，"四人舁之以行，游曳大街，游乐码头"。表演过程中彩亭悠悠荡荡，似坠非坠，显示出"高、惊、险、奇、巧"的特色，令观众惊叹不已。除彩亭之外,彩亭会中还有龙灯狮子、高跷等十多种民间文艺表演。在彩亭会期间,"男女游观,填街塞巷,邻封士女不远数百里争赴盛会,殆有举国若狂之概"。

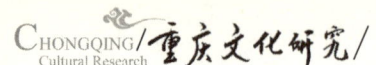

促进人民精神生活共同富裕

魏锦

(重庆市文化和旅游研究院文化发展研究中心)

【摘要】2021年10月16日出版的《求是》杂志发表了习近平总书记的重要文章《扎实推动共同富裕》。文章指出,共同富裕是全体人民共同富裕,是人民群众物质生活和精神生活都富裕。笔者认为,促进人民精神生活共同富裕,与社会文明程度得到新提高的要求具有一致性,与满足人民日益增长的美好生活需要具有一致性。促进人民精神生活共同富裕,要坚持以社会主义核心价值观为引领,强化人民群众对精神生活共同富裕的认识,建立完善高效的公共文化服务体系,提供多元化、高品质的精神文化产品,鼓励人民群众自主创造丰盈富足的精神文化生活。

【关键词】精神生活;共同富裕;文化

2021年10月16日出版的《求是》杂志发表了习近平总书记的重要文章《扎实推动共同富裕》。文章指出,共同富裕是全体人民共同富裕,是人民群众物质生活和精神生活都富裕。

一、精神生活共同富裕的内涵

共同富裕是社会主义的本质要求,是中国式现代化的重要特征。促进共同富裕与促进人的全面发展是高度统一的。"仓廪实而知礼节,衣食足而知荣辱。"随着我国经济社会发展和人民生活水平的提高,人民对精神文化生活的期待越来越高,让人民充分获得、共同享有丰富的精神文化生活,促进人的全面发展和社会全面进步,成为扎实推进共同富裕的重要内容。

促进人民精神生活共同富裕,与社会文明程度得到新提高的要求具有一致性。党的十九届五中全会将"社会文明程度得到新提高"作为"十四五"时期经济社会发展的主要目标之一,并提出明确要求:社会主义核心价值观深入人心,人民思想道德素质、科学文化素质和身心健康素质明显提高,公共文化服务体系和文化产业体系更加健全,人民精神文化生活日益丰富,中华文化影响力进一步提升,中华民族凝聚力进一步增强。这一系列要求,同样也是促进人民精神生活共同富裕在现阶段的目标与要求。

促进人民精神生活共同富裕,与满足人民日益增长的美好生活需要具有一致性。党的十九届六中全会强调,要用高质量发展来破解人民日益增长的美好生活需要和不平衡不充分的发展之间的矛盾。美好生活需要是多层面的,既包括物质内容,也包括精神内容;既要有量的丰富,更要有质的提升。随着生活水平不断提升,人民比以往更加向往美好的精神文化生活。相对人民群众日益增长的文化需求,文化供给"缺不缺、够不够"的问题基本得到解决,但"好不好、精不精"的问题还比较突出。文化发展城乡区域不平衡仍然十分突出,特别是广大农村文化供给数量不足、质量不高、结构不优问题还不同程度地存在。这要求我们必须实施好高品质文化服务与供给工程,着眼为人民群众提供更丰富、更有营养的精神食粮,推动人民在精神生活与物质生活方面都能实现共同富裕。

二、如何促进人民精神生活共同富裕

对于如何更好地促进人民精神生活共同富裕,我们有以下几点建议。

(一)坚持以社会主义核心价值观为引领

社会主义核心价值观是当代中国精神的集中体现,凝结着全体人民共同的精神追求和价值期盼,规约着当代中国文化发展的性质和方向。要坚持以社会主义核心价值观引领文化制度建设,将核心价值观要求寓于宣传舆论、文艺创作、文明创建等工作之中,从国家、社会和个人层面加强爱国主义、集体主义、社会主义教育,推动人们将社会主义核心价值观内化于心、外化于行。实施公民道德工程,深化未成年人思想道德建设,开展志愿服务品牌实践,推动新时代文明实践中心建设提质扩面,推进移风易俗,培育文明风尚。

(二)强化人民群众对精神生活共同富裕的认识

促进人民精神生活共同富裕,强化社会主义核心价值观引领。深入落实党中央决策部署,建设社会主义现代化强国。充分展示实现第二个百年奋斗目标、实现中华民族伟大复兴的光明前景,展示全民富裕、全面富裕的美好未来;要用火热的实践鼓舞人民,用有力的宣传报道、文艺创作展现人民群众的伟大奋斗和火热生活,讲好中国人民奋斗圆梦的故事,凝聚同心共筑中国梦的磅礴力量。

(三)建立完善高效的公共文化服务体系

公共文化服务体系建设是实现好、维护好、发展好人民群众基本文化权益的主要途径,对促进人民精神生活共同富裕意义重大。要大力发展公共文化事业,提升公共文化服务水平,推进公共文化服务标准化、均等化,坚持政府主导、社会参与、重心下移、共建共享,提高基本公共文化服务的覆盖面和适用性。推动公共文化设施全覆盖,合理规划建设基层公共文化设施,加强重大公益性文化工程建设。推进公共文化数字化建设,实现公共文化服务走上云端、落入指尖。充分利用公共图书馆、博物馆、文化馆、科技馆、青少年宫等开展丰富多彩、贴近民生的文化惠民活动。推进城乡公共文化

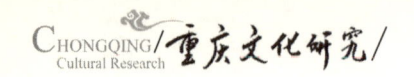

服务一体化,创新拓展城乡公共文化空间,将文化创意融入社区生活场景。围绕乡村振兴战略,优化城乡文化资源配置,将乡村文化建设融入城乡经济社会发展全局,融入乡村治理体系,活跃乡村文化生活,提升乡村文化建设品质。

(四)提供多元化、高品质的精神文化产品

促进人民精神生活共同富裕,要在满足人民群众基本文化需求的基础上,努力提升文化产品的质量、服务和品位,不断提高人民群众的精神文化体验感、获得感和幸福感。要推动精神文化产品生产的结构性改革,培育和促进文化消费,推动多种所有制文化企业共同发展,引导文化企业推进内容创新,打造知名文化品牌。要健全现代文化产业体系和市场体系,深化文化领域供给侧结构性改革,加强文化产品和要素市场建设,开发文化创意产品;深化文化市场综合执法,保证文化市场健康有序发展。要培育新型文化业态和文化消费模式,促进文化与科技、旅游等跨界融合发展,不断提高文化消费的便捷性、丰富性和体验性。

(五)鼓励人民群众自主创造丰盈富足的精神文化生活

精神生活共同富裕强调的是以人民为中心的价值导向,以不断满足人民群众多样化、多层次、多方面的精神文化需求为目标。应当激发全社会对精神生活共同富裕的奋斗意志、必胜信心,将人民对美好的精神文化生活的向往转化为自主创造丰盈富足的精神文化生活、促进共同富裕的实际行动。要推动全民艺术普及,鼓励举办全民艺术节,充分发挥"群星奖"等示范作用,推动创作更多有力量、有筋骨、有温度的群众文艺精品。健全支持开展群众性文化活动机制,引导城乡群众在文化生活中当主角、唱大戏。鼓励和支持人民群众中众多的文化先驱者、文艺爱好者、艺术教育者,成为群众自主创造丰盈富足的精神文化生活的引领者和骨干力量。

推进重庆城市精神生活共同富裕研究报告

陶宇

（重庆市文化和旅游研究院文化发展研究中心）

【摘要】马克思认为，精神生活是人类所特有的，是人的本质的体现。本文从精神生活的内涵与外延，齐美尔有关城市精神生活的论述出发，分析了精神生活共同富裕的现实意义，并在对重庆、成都两地精神生活实践优秀案例进行实地调研的基础上，提出了针对推进重庆城市精神生活共同富裕的几点思考。

【关键词】精神生活；共同富裕；城市文化

一、关于精神生活内涵与外延探讨

对于精神生活的内涵，马克思在其著作中进行了广泛、深刻、全面的解释。他认为，精神生活是人类基于与动物的根本区别——人有意识、有精神——所发展并特有的。精神生活与物质生活之间的关系表现为：物质生活是精神生活的基础与前提，精神生活是对物质生活能动的反映、凝练和升华，精神生活对物质生活具有巨大的反作用；同时，相对于物质生活，精神生活又具有独立性。在马克思看来，人的精神生活的需要是人的高级需要，其一部分属于享受需要，更多是属于人的发展需要。它包括人们对科学的向往，对知识的渴望，他们的道德力量和他们对自己发展的不倦的要求，以及为自身利益进行宣传鼓动、订阅报纸、听课、教育子女、发展爱好，等等。在关于人的全面发展理论中，他更是指明了精神生活与人的全面发展之间的密切关系：精神生活不仅是人的全面发展的重要方面，而且是人的全面发展的推动力量[1]。

根据马克思对人的精神生活的基本观点，也为便于本调研确定观察和研究对象，我们将精神生活的外延进行了初步界定。首先，作为人本质的体现，从群体因素（年龄、收入层次、居住地等）来看，精神生活可以包括儿童、青年、中年、老年不同年龄段的精神生活，包括低收入人群、中等收入人群和高收入人群的精神生活，包括农村人口和城镇人口的精神生活。其次，由于精神生活是人的高级需要，可概括为享受需要型精神生活和发展需要型精神生活，在现实中可具象化为一切为实现这两类

---

[1] 陈春莲.马克思论人的精神生活[J].北京政法职业学院学报,2009(4):93-96.

需要而进行的实践活动。例如娱乐休闲活动属于享受需要型精神生活，自主学习活动则属于发展型精神生活。还可以从实践活动的介质和平台进行概括，包括借助新媒体进行的活动和借助传统媒体进行的活动，又或者基于互联网技术构建的虚拟世界而进行的活动和线下进行的活动，等等。

正因为精神生活的外延如此广泛，评价精神生活的富裕程度无法使用恒定的标准，精神生活共同富裕，既非少数地区、少数人的富裕，也非整齐划一的平均主义。从城市和乡村来看，二者的精神生活也是无法一概而论的。二者在物质生活发展程度上的差异决定了精神文明也不可能完全同步，人口构成、人均收入水平、工业和经济发展水平、居住环境等种种因素均影响着居住人口的精神生活面貌。

习近平总书记强调："实现中国梦，是物质文明和精神文明均衡发展、相互促进的结果。没有文明的继承和发展，没有文化的弘扬和繁荣，就没有中国梦的实现。"这启示我们要正确认识精神生活共同富裕的重要性。精神生活共同富裕是人民美好生活的重要一环，是建设社会主义现代化强国的应有之义。在实现中华民族伟大复兴的新征程上，不光要提升物质文明水平，提升精神文明水平、推动精神生活共同富裕同样不可或缺。精神生活共同富裕是共同富裕的重要内容[1]。

二、精神生活共同富裕是对城市精神问题的有效应对

基于对经历了两次工业革命的西方大都会的观察，19世纪末德国社会学家格格奥尔格·齐美尔在其论著《大都市与精神生活》中对城市人的精神问题进行了分析：以"算计"为生存原则，"持续"的精神紧张，对个人存在产生厌倦和无意义感，冷漠厌恶的人际交往态度，等等。这些精神问题仍然是今天大部分大型城市以及特大型城市的"通病"。中国正处于两个一百年的历史交汇期，提出、重视精神生活共同富裕，对于解决中国城市的精神问题、"城市病"具有直接意义。它有助于我们摆脱从城市规划、城市管理、人口布局、劳动力转移等宏观角度解决城市精神问题的思维定式，而真正聚焦于作为主体性存在的人身上。

首先，作为货币经济中心的现代都市，个人主义、享乐主义、消费主义盛行，对物质生活的过度追求，导致城市人精神和心灵上的空虚。强调精神生活共同富裕，能够在保证高水平的物质生活的基础上，同时保证高水平的精神生活，防止精神生活的萎缩。

其次，城市病的背后是城市内部发展不平衡。这种不平衡集中表现在贫富差距持续增大。即便抛开城乡差距，城市内部居民的收入分配差距、社会身份地位的差距，以及享受文化教育的不均等性、思想认知水平的差距，都被不合理地拉大了。当这些不平衡性积累到一定程度，必将反过来加重城市精神问题，乃至激化社会矛盾，带来负面影响。强调精神生活共同富裕，有利于解决当前中国城市中不同人群面临的精神困境，物质与精神"两手抓"，解决人内心的"失衡"。

强调精神生活共同富裕的意义还在于，它跳出了城市的空间限制，强调的是全体人民普遍的、共

---

[1] 刘东超.精神生活共同富裕是共同富裕的重要内容[J].党建,2022(2):35-37.

同的富裕,要求消除两极分化,不断缩小地区差距、城乡差距与群体差距,并且强调了任务的长期性。这更加符合中国的国情,符合新时代中国特色社会主义的发展方向。

三、重庆城市精神生活截面观察

作为中国最大的直辖市、重要的中心城市之一、长江上游地区经济中心、重要先进制造业中心、西部金融中心、西部国际综合交通枢纽和国际门户枢纽,重庆的城市精神文明建设水平备受关注。近年来,作为全国排名前几的"网红城市",重庆的文旅业发展迅速。为了更直观地展示重庆城市生活图景,本文从重庆都市核心区中诸多可供人实现精神生活享受的地点中选取了2个,通过实地走访对重庆城市人的精神生活状态进行截面观察。

1. 山城巷——延续原汁原味的老重庆生活气息

山城巷位于渝中区南纪门街道凉亭子社区,北至重庆干休所,南以南区路为界,东接中兴路,西至石板坡立交。其历史沿革可以追溯到明清时期,1900年法国传教士在此巷坡上立杆点灯为路人照明,由此得名天灯巷、天灯街,1972年更名为山城巷。这里有建于明朝初年的老城墙,有清末重庆开埠时期修建的外国领事馆和教堂,也有抗战时期的吊脚楼、四合院、防空洞以及海派风格的石朝门建筑,还有中华人民共和国成立后不同时间修建的学校、居民住宅,是重庆现存不多的面积超过2万平方米的原生民居建筑聚集地,被称为重庆的"建筑博物馆"。

为进一步活化传承历史文脉,保护好历史文化资源和传统风貌,2018年渝中区启动对山城巷的"微更新"改造计划。在保留80%的原有建筑、保持原有的建筑肌理基础之上,美化片区人居环境、修缮片区重要历史文化遗址,升级完善片区功能和公共设施,并且注重历史建筑、传统民居的活化利用,将一些老旧、废弃空间加以改造利用,发展文化艺术公共空间、吸纳与山城巷所独有的老重庆生活气息调性相符的商业入驻。在依山而建、沿崖而上的步道上,虚拟的、真实的"老重庆"文化符号交相呼应:围墙上有"棒棒",下围棋、喝茶的老居民等的手绘形象,围墙里的老居民区内,"老重庆人"的生活仍在继续;将片区内的金马小学旧址进行修复,与实体书店合作开办共享图书馆,人们可以在此实现闲置书籍的自由流动;历经岁月的法国仁爱堂仅剩断壁残垣,设计方依托废墟,以"遗迹花园、生活场坝、业态经营、文化剧场"为主题,打造了"仁爱堂·荒野花园",还有可供眺望江景的城市景观阳台、承载年轻人先锋文化的荒野剧场,并持续挖掘、修复废墟内的钟楼、防空洞等历史遗迹。沿石梯而上的吊脚楼内有各式各样的商铺。这些商铺将传统业态与新兴业态加以融合,售卖一些如今市面上不常见的传统美食、手工艺品、非遗产品、文创产品。无论是重返山城巷的居民,还是刚到此地的游客,都能在对山城巷的探访中感受到浓厚的山城生活气息与人文精神。

2. 九九艺术长廊——"无心插柳"的重庆"小曼谷"

位于渝北区龙塔街道佳华北宸里的九九艺术长廊,起初由300米特色商业步行街及2000平方米佳华美术馆、99艺术沙龙、佳华民俗馆、十八梯读书廊等多个项目组成。在特色商业步行街,餐饮服务业占最大比重,聚集了富有异国风味的各式餐饮店铺,如东南亚菜、法餐、日韩料理,也有重庆特色江湖菜,还有诸如"日咖夜酒"[①]这样的新型复合店。此外还有多家中古商品店和服装零售店。如今这样的一条商业街不仅成为很多人的打卡地,更是人们个性化的消费场所、新颖的社交空间。即使在普通工作日的上午,走在商业街上,也能看到消费者在各式各样的店铺"打卡",消费者不仅限于周边居民,还有来自其他地区的人。在"小红书""大众点评"等平台上,搜索"黄泥磅紫薇路"(所在地大地名)、"九九艺术长廊",会发现大量"探店"视频,网友自发将该商业街命名为重庆"小曼谷"。为补充街区的文化氛围,99艺术沙龙是目前开放的重点区域。该沙龙藏书超过5万册,陈列有数百幅油画、国画,供居民免费观赏;还定期举办各类文化艺术沙龙、主题文化展览活动。目前,特色商业街因新型复合餐饮店铺的不断集聚而继续延伸,据负责人介绍,主打传统文化推广的十八梯读书廊后续也将开放,将吸引更多周边居民到这里。

四、推进重庆城市精神生活共同富裕的思考

推进重庆城市精神生活共同富裕,需要注重重庆城市文化对城市人精神世界的滋养。城市不仅仅是许多单个人的集合体,也不只是各种社会设施,诸如街道、建筑物、电灯等的集合体;也不只是各种服务部门和管理机构,如法庭、医院、学校等的简单聚合。城市,是一种心理状态,是各种礼俗和传统构成的整体,是这些礼俗中所包含,并随传统而流传的那些统一思想和感情所构成的整体。[②]由于城市精神生活中的主要问题在于客观社会发展优于主观精神,一个能够滋养人的主观精神、关注并促进人的全面发展,且可持续的城市文化,是抵抗各种精神生活问题的根基。城市文化包含它发展过程中所呈现和沉淀的独具特色的精神品格、价值理想和文化知觉,代表着一种集体记忆的延续。山城巷的成功,是重庆历史文化和山水特色的缩影。

推进重庆城市精神生活共同富裕,一方面,要不断提高文化供给的品质,努力缩短重庆本土文化文艺创作与东部沿海发达地区之间的差距,提高代表重庆城市文化、彰显重庆城市气质的优质文艺作品的产出率。另一方面,要勇于创新文化供给的路径与方式。公共文化服务作为保障人民精神文化需求的基础,应将其与社区建设联系起来,使公共文化服务真正延伸至城市的每一根"毛细血管"。可参考借鉴成都市玉林社区在社区改造时利用废弃院落发展社区文化的案例,通过招募专业规划师、居民规划师、社工规划师,"三师联动",根据社区人口构成将院落改造为对残障人士、老年人友好的文化空间,同时举办公共展览、公益文化活动,使居民精神生活更丰富。在发展重庆文化产业上,可重点关注具备自我"造血"能力的新业态,鼓励企业商业模式的创新,鼓励自发形成的新的消费现象。如黄泥磅紫薇路商业步行街,还有各种去中心化的新型市集,如重庆南山"放风岛",成都玉林啤酒节。这些案例都使城市人在物质生活与精神生活上得到了双重满足,代表了城市文化产业富有活

---

① "日咖夜酒"指的是同一家店白天卖咖啡、晚上卖酒的经营模式。咖啡与酒两种业态看起来截然不同、反差极大,但面对的客群却高度重合。
② 郭治谦,康永征."城市精神问题"是"城市病"的应有之义——齐美尔《大城市与精神生活》述评[J].城市发展研究,2015(8):80-85;100.

力的发展方向。

推进重庆城市精神生活共同富裕,还要重视舆论宣传引导的"力度"、"温度"与"深度"。城市中的人对媒介讯息的接收频率、速度以及密度都是远远超过乡村的。通过媒介舆论引导,有助于城市中的人正确认识精神生活共同富裕的时代内涵。舆论应当将目光放到每一个普通的个体上,让居住在城市的人感受到城市对个体自我发展的重视和人文关怀。

"三生合一"与乡村精神生活共同富裕
——以重庆市武隆区火炉镇为例

郭凌燕

（西南大学乡村振兴战略研究院）

【摘要】物质生活富裕和精神生活富裕是辩证统一的，二者互相依存并相互促进。调研发现，在乡村振兴背景下，重庆火炉镇通过生产、生活、生态"三生"协同发展，初步实现了乡村发展与乡村善治，达到物质生活与精神生活共同富裕的目标。

【关键词】"三生合一"；精神生活；共同富裕；火炉镇

一、火炉镇生产、生活、生态现状

火炉镇，古时又名火炉铺，古为渝至湘、鄂、赣、黔必经之道，是涪陵至彭水"一楼九铺"中的第一大铺，位于武隆区东北片区，处于仙女山、天生三桥、芙蓉洞三大景区的中心位置，区位优势明显，自古商贾往来，热闹繁华。火炉镇区域面积179.6平方千米，现辖1个社区、14个行政村，2021年末，全镇公路总里程达452千米，行政村100%通畅、行政村100%通客、农业社99%通畅，农村公路网络密度达到2.52千米/平方千米。火炉镇海拔200—1680米，镇域内山脉众多，以山地为主，高、中、低山并存，属于温带季风区中的大陆性立体型气候，四季分明，冬温夏凉，年平均气温18.3摄氏度，气候资源丰富。全镇森林面积19.65万亩，森林覆盖率高达65%，一些村庄更是高达80%，动植物资源非常丰富，生态资源优势明显，有"江南水乡"梦冲塘，"全国生态文化村"，"重庆市最美森林氧吧"万峰林海，神奇的"三潮圣水"。火炉镇的五宝——仙女脆桃、徐家猕猴桃、特色山珍、梦冲塘生态鱼、火炉羊肉享誉全区乃至重庆市。

近年来，火炉镇大力发展生态旅游和生态经济，当地生态维护也因此达到一个比较高的水平。火炉镇镇域生态环境较好，结构调整合理，一产比重较大，农业生产总值在武隆全区排名第一位。火炉镇属于典型的山区地形，现代化农业设施较难大范围开展，因此形成了半耕半工、种养结合、百业并举的多元生产、生活方式，并依托村社理性、乡规民约形成了相对稳定的低制度成本的乡土社会治理模式。在此基础上,火炉镇形成了一种交互平衡、互惠共生的社会系统,这正与当前人们追求的高质量生活水平与高质量发展要求相吻合。

在传统的种植养殖业之外,火炉镇居民还可向包括乡村旅游在内的二、三产业发展,依靠土地和生态资源获得一定的经济收入。对火炉镇居民来说,他们的祖先在这里,他们的后代在这里,他们的家和亲人都在这里,火炉镇是他们永恒的家园。

二、火炉镇"三生合一"发展模式经验探究

(一)注重在地化、组织化发展,提升村庄的风险应对能力,百业兴旺,民众生活富裕

截至笔者完稿时,火炉镇现有户籍人口9700户31357人,其中常住人口7438户22720人,外流人口占总人口比例的32%,占镇域劳动力总人口的49.95%,区内市内打工者比例占全部外出打工者比例达到59.64%,其中区内占38.22%,可见,大部分劳动力选择了就地就近就业。火炉镇农户收入来源以务工为主,种植养殖为辅。据统计,2020年火炉镇农民人均可支配收入18466元,同期高出武隆区农村居民人均可支配收入2993元,高出重庆市农村居民人均可支配收入2105元,民众收入水平较区域内其他乡镇普遍偏高,生活较为富裕。

一是注重在地化发展。调研发现,跟普通的资本下乡不同,火炉镇外地业主较为少见,绝大部分业主是本地人:"火炉的业主基本都是本地人,我们是业主,又是本地人,要是产业发展不好,在家门口丢不起这个脸,更不用说拍拍屁股走人了,那是要遭打的。"火炉镇不仅注重本土企业的发展,还注重本土知识的运用与传承。以养猪产业为例,火炉镇历史上就有养猪的习俗。据《火炉镇志》记载,早在1952年就有生猪2751头,1970年1859头,1981年5814头,1995年3.2万头,2015年9.5万头,2021年19万头。后槽村因为养猪产业出了很多"亿元户"。长久以来,镇域内民众有一套行之有效的本土知识:比如湖水不能喂猪,消毒防疫是统一的,邻里之间不串门,不跟外人接触,不扎堆,一般不去赶场,即使去了也是买完东西就回;统一消毒,统一收猪;兽医都是本村养猪的,打针消毒都是免费的;饲料是几家人一起购买,可以便宜一些,也有大户带着小户买的。

二是注重组织化发展。火炉镇针对当地产业发展成立了各类行业协会,比如林果协会,部分农产品可以实现内部定价,筏子村的脆桃产业价格是村庄内部统一定价,各家再根据质量等适当调整;梦冲塘村专门针对村庄养鱼户恶性竞争成立了协会,内部统一规定价格;万峰大米一般都是提前预订,价格提前定好。如此一来,就大大降低了生产者产业发展的风险,保证了生产者的利益,提高了生产者的积极性。同时,在地化组织化的发展模式,也大大提升了生产者应对风险的能力。比如,脆桃产业基本靠天吃饭,但是由于价格稳定、多业并举等因素,平均下来,三年之中有两年赚钱即可保证生产者正常生产;再如火炉铺历来繁华,是周边乡镇最大的集市,民众历来有赶场的习惯,在集镇上出卖自己的产品,买回需要的物资,能保障村民的基本生活所需。

三是注重抱团发展。如向前村凉水井51户农户共同筹资筹劳成立了鼎实农业发展有限公司。向前村凉水井除了做好乡村旅游等配套设施建设工作外,还对全社525亩耕地、485亩林地进行统一管理,并成立了由返乡能人、农户代表和德高望重的老人组成的工作小组。"凉水井所有的大事,都要由工作小组决策。"起初统一流转土地后,鼎实农业发展有限公司本想大力发展生猪养殖,但经过工作小组讨论后,大家都认为,规模太大会破坏环境,对今后进一步发展乡村旅游不利。最终,工作小组同意饲养生猪120头,用以满足凉水井的生态种植业对农家肥的需求。生产抱团发展,生活中诸多事宜也通过工作小组讨论后集体决定,最终村民抱团获益。

四是注重文化传承。凉水井村民在代际传承中形成的杨氏家风,铸就了凉水井人普遍认同且自觉遵守的"孝道、诚信、团结、和睦、文明"的村规。

(二)低成本、高效率提升民众参与乡村振兴的主体性和积极性,乡村治理有效,民众生活幸福

火炉镇在发展过程中,注重五个振兴一起抓,发展产业与乡村治理并举,正如镇党委书记所言:"自治做好了,产业就发展起来了。"火炉镇的乡村治理包括乡镇干部治理和村庄治理,初步实现全镇以自治为基础的法治与德治"三治合一"的格局。

一是乡镇干部治理。当地政府根据工作内容对乡镇干部进行分类,并要求全体干部各司其职。二是村庄治理。充分运用一事一议制度,以项目制形式,通过群众内部协调,实现共担、共建、共享。比如梦冲塘村修路占用了村民的土地,村委会召集村民集体表达意见,通过内部协调解决。不仅如此,整个镇域通过"三管"——基层组织管党员,行业协会管会员,自治组织管群众,让每一个村民和干部有归属感和认同感。

火炉镇通过发动并依靠群众,低成本地推进了村庄公共建设,并在发展建设的过程中提升了民众的安全感和幸福感。

(三)推动社会化农业发展,生态良好,民众生活美好

火炉镇农业发展程度较高。以养猪为例,很多消费者与农户提前商议好,农户按照协议喂养猪;以脆桃为例,消费者认领桃树,农户进行管理。这种生产者直接对接消费者的方式,减少了中间环节,降低了成本,消费群体和价格相对稳定,有利于多元社会群体的良性互动,有利于城乡深度融合发展。

火炉镇大力发展立体循环式生态农业,通过"景村融合""+旅游"等路径,在进行生产的同时兼顾经济与景观农业的发展,并将其变成旅游资源,将山林湖田草统一"打包",整村"售卖",实现三产的有机融合。

火炉镇的集体经济组织有明显的社会企业取向,兼顾经济的同时,提升村级的组织化程度,秉持自然资源、生态环境的空间正义理念,有利于生态资源价值化与村民生活美好化的同步实现。

(四)注重以"人"为中心，留住用好当地人才，人与乡村共发展

乡村振兴，人才是关键。火炉镇在发展过程中，为人才创造良好的就业、创业环境，以吸引外出乡贤返乡及城市人才，实现镇域、城乡间人才的良性互动，实现人与乡村的共同发展。

留住人。一是村庄产业比较多，有较多大户带动，基本形成"一村一品"的产业发展格局，规模较大，区域内形成品牌效应。比如筏子村的脆桃产业，后槽村的养猪产业，万峰村的大米种植。二是持续发展循环立体农业，实现种植养殖结合，多业并举。村民作为兼业化小农，收入来源途径多样，风险防控能力较强。比如筏子村，养猪的粪肥用来给脆桃施肥，并在桃树林下养鸡，平均一亩桃林放养20只鸡，一年便可增收2000多元。不仅如此，全镇根据海拔，合理规划布局产业，多业、错位发展产业，镇域基本实现家庭循环—村庄循环—镇域循环的多层次有机循环系统。三是抓住武隆旅游大发展的机会，发展生态产业，努力实现从"旅游+"到"+旅游"的发展转型，将镇域内主导产品引向旅游，发展梯田、渔村，观光农业，努力实现"一个产业一个景点，一个旅游线路"。

吸引人。火炉镇域内村庄团结程度较高，加上火炉镇民众就近就地就业人数比例较大，村庄人才双向流动较为频繁。在火炉镇，尤其是一个村社或者家族内部，只要有红白喜事，村民不管在哪，不管之间有无矛盾，都要免费帮工。不仅如此，火炉镇外出人才返乡创业现象较为普遍。调研发现，火炉镇本土人才较多，比如筏子村的脆桃专家申建忠，给果树修剪嫁接的专家"杨一刀"，以及各类种植养殖专家。

拓宽人才引入渠道。近些年，万峰村积极与重庆知青协会合作，目前有几十名知青成为万峰村的"荣誉村民"，为村庄发展献策出力。

三、火炉镇"三生合一"发展模式为实现乡村精神生活共同富裕带来的启示

火炉镇通过生产、生活、生态"三生合一"发展模式，成为乡村高质量发展与高品质生活的典范，对于乡村振兴与乡村人民物质生活、精神生活全面实现共同富裕具有借鉴意义。

一是从生态系统整体性出发，推进生态化发展和共同富裕。火炉镇践行五个振兴一起抓，整体打包，全域推进，注重生态化发展，合理规划实践低碳化分布式立体循环之路，通过生态扶贫的制度创新和组织创新，实现脱贫方式的生态转型，持续释放"三农"领域具有的生态资源价值化的巨大增值空间。

二是秉持发展与治理并重的理念。火炉镇坚持走发展型治理，发展与治理并重，注重本土人才和本土知识体系的传承与推广，实现乡村资源整合、产业融合、功能契合，相互滋养，相互促进，共同繁荣。

三是宜新则新、宜旧则旧，因时因地制宜，柔性稳步推进乡村振兴。火炉镇在发展过程中注重降低农户风险，提升农户收益，充分发挥村社理性作用，实现村社和个人的良性互动。

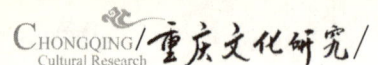

不如怜取眼前人
——观川剧《中国公主杜兰朵》

谭竹
（重庆市艺术创作中心）

  川剧，俗称川戏，是汉族戏曲剧种之一，据说在唐时期影响力很大，甚至出现了"蜀戏冠天下"的局面。2006年川剧经国务院批准列入第一批国家级非物质文化遗产名录，身为一个重庆人，我为川剧感到骄傲，特别是在看到重庆市川剧院演出的《中国公主杜兰朵》之后，被它华美的场景、动人的唱词以及荡气回肠的爱情故事深深打动。

  《中国公主杜兰朵》讲的是这样一个故事：某个朝代不明的中国公主杜兰朵，尊贵而孤僻、美貌而冷酷，认为男人都是臭烘烘的须眉浊物。为了拒绝求婚的各国王子，她设了三道难题，完成则成婚，否则就要杀头。这位艳若桃李、冷若冰霜的公主在我看来其实是有点恐婚的，没有谈过恋爱，并不真正了解男人，就想当然地把天下男人全都定义为"须眉浊物"。由于公主的美貌与地位，还是有众多男子趋之若鹜，想要"富贵险中求"。金陵公子与沙漠怪客等就先后前来应试。在一座小岛上，某个避世的王孙公子无名氏，偶然看到丫环柳儿带回的公主画像，被公主的美貌打动，不顾柳儿的劝阻前往求亲，却阴差阳错害死了柳儿。当公主发现自己爱上了无名氏时，他却因柳儿的死心灰意冷离去，公主也离开皇宫追随而去，想挽回自己错失的真心。

  剧中首先让人印象深刻的是华美的布景与服饰，皇宫金碧辉煌、雕梁画栋、气势磅礴，营造出了一种如梦似幻的古代宫廷氛围，十分符合"中国公主"之居所特征。而无名氏与柳儿所在的小岛，群山连绵，水波粼粼，如中国山水画中的场景，也很优美古雅。柳儿的粉衣与无名氏公子的淡蓝长衫，配色温柔和谐，十分养眼。公主的服饰更是让人眼前一亮，除了司空见惯的大红华服，竟然还有一套白衣，纯白的底色上，绣着红黄蓝各种颜色的凤凰，仿佛昭示着公主的尊贵与纯洁。而公主身着红衣时，头上那独一根的长长的雉鸡翎，又仿佛代表着她的孤独与傲娇。除此之外，皇帝与太监、宫女与将士的服装都色彩浓烈，看得人眼花缭乱。

  有趣也是该剧的一大特色，杜兰朵公主身边的太监是一个侏儒形象，是川剧中的丑角，在一旁插科打诨，增加了趣味性。三道题中，有一道为举鼎。鼎是由人扮演的，穿着淡黄底色镶花纹的衣服，脸也涂成同色,看起来还挺像个鼎。被举起之后还气咻咻地走下台,让人忍俊不禁。除此之外,此剧善于巧设悬念,让人不知不觉被情节牵着走。更让人惊喜的是,它把川剧中最受观众喜爱的变脸、喷火等绝活也用了进去,让观众大饱眼福。

唱词的美也令人回味无穷,一句句一首首,或诙谐或严肃,或直抒胸臆或借景抒情,生动鲜活。比如两个男子求爱失败,侏儒太监唱道:"两条游鱼争入瓮,一对灯蛾扑火红。"无名氏对杜兰朵心动时唱道:"爱花偏爱玫瑰花,花越多刺越爱它。刺藜无情待暖化,花心有意会开发。"侃侃而谈对美的感悟时,他唱道:"爱美之心,人皆有之。沉鱼落雁,闭月羞花,是外貌之美;龙楼凤阁,雕栏玉砌,是权势之美。然而,仁爱万物,情重千秋,是心灵之美;高山流水,清风明月,是自然之美。"柳儿死后,无名氏沉痛地唱道:"今夜无人入睡,满城悲伤,柳儿竟如雁儿样,误入宫廷坠地亡……天啊,快给我起死回生灵芝草。地啊,快赐我五鼓鸡鸣返魂汤。让柳儿重新回到人世上,我与她青春结伴好回乡。"这些既诗意又直白,雅俗共赏的唱词,增加了戏剧的艺术性,烘托了气氛,使观众沉醉其中。

然而最打动我的还是剧情以及剧中人物的真情。柳儿暗恋无名氏,为阻止他去求亲丧命,在他划船离岛时徒手拉缆绳,被割得双手鲜血淋漓,摔倒在地。无名氏拔剑斩断缆绳,狠心离去,柳儿心急如焚也追随而去。既然无法阻挡,那就拼死成全。其实,柳儿成全了无名氏两次,第一次是他答公主的试题时,把柳儿的名字写在手心,哄骗公主走下了高台,赢得了比试。第二次,是公主和无名氏打赌,向柳儿逼问无名氏的真名,输了要跟随无名氏浪迹天涯。柳儿以死让无名氏赢得了这场赌注,成全了他的心愿。令人欣慰的是,无名氏虽然爱慕公主,却并没有无视柳儿的牺牲,而是如醍醐灌顶,发现柳儿才是真正爱自己的人,同时意识到:"千里寻美美何在,回头望,最美的姑娘早在我身边。"无名氏是一个追求美的人,然而真正的美并不仅限于外表,心灵的美才是最动人的。于是无名氏毅然决然离公主而去,刁蛮任性的公主也意识到自己为争强好胜犯下大错,意识到自己早已爱上无名氏,愿意离开皇宫随他云游四海。这时,又重复了一次类似的场景,无名氏划船离去,公主徒手拉缆绳挽留,他又一次狠心斩断缆绳,公主摔倒在地。这重复的场景,不同女子的挽留,升华了剧情,带来更加沉痛的感悟。

在我看来,柳儿之爱无名氏,是真正的爱情所应有的样子,不求回报,只愿心爱之人得偿所愿。她知无名氏爱美女,买回公主的画像给他看,希望他开心。却没想到无名氏观画如醉,爱美若狂,陷入痴迷,一心要去求亲。这一段戏把世上男子皆爱美女的共性表现得既传神又真实,那么坦坦荡荡,毫不隐瞒地直抒胸臆:"云中神、月里娥,云神月娥杜兰朵,天之骄、花之魔,天骄花魔杜兰朵,看一眼心驰神往,看两眼走火入魔,看三眼身不由我,坠入爱河,坠入爱河……"然而被公主外表美所吸引的无名氏,最后终于明白真正的美是什么,只希望"让柳儿重新回到人世上,我与她青春结伴好回乡"。无名氏没有成为一个理所当然踩着柳儿上位的"渣男",而是决然地离开公主,这让我十分欣慰,感到柳儿没有白白付出,感到无名氏虽然爱好"美色",但人品不错,也是一个值得人爱的人。公主并不是一个真正的恶人,剧中后来交代了她并没有真的杀掉金陵公子与沙漠怪客,只是吓唬一下前来求亲的人而已。柳儿的死让她明白了什么是爱,看清了自己的心。我总觉得,柳儿的自杀,既是为了成全无名氏,也是对自己无望的爱的一种绝望:"自恨我野丫头出身低贱,配不上雅王孙文武双全。"而无名氏,并不清楚自己到底要的是什么,柳儿在眼前的时候,他没有珍惜她,当公主低下了高傲的头,扮作柳儿的时候,他亦不为所动,曾经的心动烟消云散。

  公主与无名氏的比试与打赌,代表了男女在爱情中的较量,在较量的过程中,彼此都想征服对方。这种较量有一个度,一旦过度,缘分反而因此中断。在柳儿死的那一刻,公主与无名氏的缘分也到了尽头。虽然结尾公主追随无名氏而去,试图让他回心转意,但剧中并没有明确交代两人是否还能再续前缘,我认为那只是编剧留给观众的一点念想罢了。

  《中国公主杜兰朵》由有"巴蜀鬼才"之称的魏明伦改编自意大利经典歌剧《图兰朵》,1995年曾参加第四届中国戏剧节,获编导、舞美、音乐、服装、灯光等大奖,获四川省"五个一工程"奖,1998年赴京与意大利歌剧《图兰朵》同时演出,反响强烈,成为东西方文化交流的一件盛事。魏明伦是中国当代著名剧作家,其作品多次获得中国戏剧界最高奖项。据说为了写这部戏,他五易其稿,力求做到四个"死不休":语不惊人死不休,戏不抓人死不休,情不动人死不休,理不服人死不休。最终他做到了。该剧表面上写的是公主和无名氏的爱情,实际上还蕴含着柳儿与无名氏的故事,两个爱情故事一明一暗,两条线互相交织,衬托出主要人物各自的性格,让剧情更加丰富精彩和具有更深的内涵。重庆市川剧院青年演员周露饰演杜兰朵,扮相端庄秀丽,唱腔婉转动听,徐超扮演的无名氏风流潇洒又不乏真情,白孟迪扮演的柳儿痴心感人。动人的情节,华美的服装布景,演员精湛的演技,让观众领略到川剧的独特魅力。

  看罢此剧,我久久地沉浸在这个故事中,无名氏对公主的爱不过是见色起意,"沉鱼落雁外貌美,岁月一摧满面灰",外在的美是不长久的,柳儿才是知他懂他、真正爱他的人,所以我为无名氏没能和柳儿在一起感到惆怅。正所谓:"一向年光有限身,等闲离别易销魂,酒筵歌席莫辞频。满目山河空念远,落花风雨更伤春,不如怜取眼前人。"

重庆市文化和旅游研究系列评论
——评重庆曲艺的创新和发展

引领曲艺书场建设，促进曲艺市场发展
——谈重庆市曲艺团"山城书场"试点工作

吕霖枫（重庆市文化和旅游研究院）

重庆地区曲艺历史悠久，其发展起源可追溯至汉代以前，在明、清时期开始遍及城乡各处。抗战时期，重庆作为战时陪都，成为南北说唱艺人的主要聚集地，曲艺发展空前繁荣，曲艺也随即成为群众喜闻乐见的艺术形式，在抗战宣传中发挥着重要作用。重庆市具有丰富的非遗曲艺资源，浓郁的本土文化，多彩的旅游资源，良好的曲艺观众基础。然而，随着科技进步带来的娱乐方式的改变，曾广泛活跃于舞台的曲艺曲种现已不足20种，其中：国家级代表项目有6项，分别为车灯、四川评书、四川竹琴、四川扬琴、四川清音、金钱板，国家级代表性传承人10人；市级代表性项目11项，市级代表性传承人50多人。

为进一步搜寻曲艺艺术发展和传承脉络，总结研究现代书场设立经验，重庆市文化旅游委紧紧抓住文化和旅游部非遗司"关于试点开展非遗曲艺书场设立工作"的契机，按照曲艺书场的设立条件及管理要求，重点围绕演出场地、演出条件、演出团队、运营团队、资金支持、表演院团（班社）或非遗传承人等方面的内容，对全市非遗曲艺书场做了进一步调查评估，重点考察了市曲艺团山城书场、万州区南浦书场等10个曲艺固定演出场所，并最终选定市曲艺团山城书场（含丰都南天湖非遗传习社）、沙坪坝区"巴渝书场"、万州区"南浦书场"、铜梁区"何代科书场"等4个书场开展非遗曲艺书场试点工作。

重庆市曲艺团"山城书场"确立为试点书场后，积极开展工作，努力发挥自身作为重庆非遗曲艺书场的建设引领作用，集中资源推进各项工作，主要从场馆建设、传承传播、作品创作等方面着手，取得了良好成效。

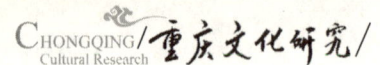

一、完善场馆建设，创建传承基地

重庆市曲艺团的山城书场是主城区内唯一专门从事多曲艺曲种传承演艺的艺术场馆。山城书场地处重庆解放碑中央商务区与在建中央艺术区交会点，是现今市内两个原址上重建的"老字号"剧场之一。场馆总建筑面积约2000平方米，是开展曲艺保护、传承和展演的主要阵地，其常年开展的艺术表演形式涵盖四川清音、四川扬琴、四川评书、四川盘子、车灯、谐剧、相声、小品、金钱板、快板等。2020年10月，市文化旅游委充分结合非遗保护传承和文旅演艺市场建设，投入200余万元对场馆进行升级改造，形成了以非遗传承教学、曲艺专场演艺、多曲种综合演艺、曲艺非遗数字化展陈、非遗文创展示与售卖于一体的非遗保护传承研习基地。现有26名非遗代表性传承人，其中，国家级非遗代表性传承人5名，市级非遗代表性传承人21名，各类曲种专业技术人员65名，常年依托剧场开展非遗传习演出活动。并于2021年6月底实现了"天天演"的预期规划，也逐步形成了"鼓曲专场""诵说专场""民族音乐会""曲艺综合场""山城轶事""嘿有梗""记艺·山城"等多个品牌栏目，观众年龄结构也逐步趋于年轻化。

二、扩大传承队伍，开展曲艺项目库建设

重庆市曲艺团山城书场制订传承计划，开展研修研习培训。一直以来，"山城书场"把培养曲艺传承人作为工作重点，为此制订了"非遗人才传承培训"计划，筛选出27名青年演员接受培训，并聘请国家级、市级传承人共10人组建成传承培训师资队伍，围绕四川清音、四川扬琴、四川评书、四川盘子、相声、谐剧及曲艺伴奏等，以"一对一或一对多""传授+成果汇报"的方式开展非遗传承培训工作。预计全年开展传承培训400余课次。截至2021年，已开展包括四川清音、车灯、四川盘子、金钱板等曲艺专题讲座24次。

非遗传承培训工作带来的效果是多方面的：全面提高了演员的曲艺专业能力和技能水平；丰富并完善了公司曲艺演出节目储备；解决了曲艺专业人才队伍梯队化建设问题；使公司人才培养与储备发展战略相匹配；以收徒传艺、培训学习方式，实现了非遗的保护传承。为提高曲艺类非遗的整体活力，进一步拓展书场空间，重庆市曲艺团每周定期开展"非遗研习活动"，为非遗传承人和广大曲艺艺术爱好者提供活动空间，充分发挥书场聚集效应，使曲艺受众面进一步扩大，增加了曲艺艺术的社会影响力和知名度，为曲艺传承发展营造了良好的社会氛围。

重庆市曲艺团积极推进曲艺项目库建设工作，加强对曲艺传统曲本（脚本）、新创曲本、音像资料的搜集整理，形成了成果目录；对传统剧目进行了挖掘、整理工作，并将部分剧目搬上舞台，实现了传统剧目的创造性转化、创新性发展；新创、改编节目200多个；建立了曲艺非遗类项目曲目库，收集与整理书场演出的词本曲本、节目单和音像等相关资料，并保障了曲目库资料的真实性和完整性。

三、融入现代生活，弘扬时代价值，创作文艺精品

山城书场在试点期间，创作了大量老百姓喜闻乐见的文艺精品，其中四川评书《书生说书》获第八届重庆艺术奖，四川清音《断发吟》、车灯《众志成城抗瘟疫》获重庆非遗优秀抗疫作品一等奖，相声《吃"祸"》荣获新时代文明实践"六讲"志愿服务文艺作品优秀奖。同时，他们坚持传承和创新并举的做法，新创、改编节目200多个，并将曲艺文本与节目单进行汇总并整理成册，把许多传统节目搬上舞台与观众见面。

同时，书场还着力打造曲艺演出品牌，促进文旅融合。2021年"山城书场"深入研发曲艺作品，打造"记艺·山城"曲艺演出品牌。推出系列演出，即文旅融合曲艺主题晚会"记艺·山城"、"山城轶事"系列、"嘿有梗"单口喜剧秀。"山城轶事系列"以"山城书场"二楼小剧场作为演出活动场所，每周开展曲艺诵说、鼓曲专场演出活动；"嘿有梗"单口喜剧秀是以广大年轻观众为受众，将相声、车灯、谐剧等传统曲艺与开放麦相融合，打造"摆言子、说笑话、谈家常、品故事"的喜剧秀"嘿有梗"品牌，目前已成为市民朋友周末休闲娱乐的又一个娱乐项目，聚集了一众"粉丝"；文旅融合曲艺主题晚会"记艺·山城"，是针对全域旅游打造的专属驻场演出，力争将"记艺·山城"打造成为一张富有重庆文化底蕴和旅游特色的文旅新名片。截至笔者完稿时，包括"山城轶事"专场演出、"嘿有梗"喜剧秀、"记艺·山城"曲艺主题晚会在内的活动共计完成140余场，观众人数达千余。

南天湖非遗传习社项目是由重庆市曲艺团投资、设计、建造、运营的集"展演传聚"四位为一体的产业推广项目。项目划分为非遗展示区、非遗展演区、非遗文创售卖区、非遗大师工坊体验区四个功能区，通过运营实现"产业平台"的延伸，将非遗、文旅和吃、住、行、游、购、娱全部链接起来，形成非遗文旅主题的生态产业平台。该项目突出公益性，自2020年6月10日正式挂牌对外开放以来，全年开展经常性非遗曲艺演出、非遗研学活动百余场，受众达3万余人次，为南天湖成功申报国家级旅游度假示范区发挥了重要的作用。

四、拓展曲艺传播途径，打造网红IP新地标

山城书场多渠道传播曲艺，探索线上直播模式。为使传统曲艺得到普及，增加曲艺受众，山城书场一是与电视台、各大互联网直播平台等开展合作，探索设立线上非遗书场，在当下新媒体快速发展的语境下，尝试用网络直播等形式助力曲艺传承发展。在相关工作准备就绪后，首先尝试在当下最热门的抖音平台进行线上非遗书场的直播。在该团官方抖音账号定期进行《山城轶事》专场演出的同步直播，为线上观众呈现了包括四川清音、四川扬琴、车灯、四川评书、相声、谐剧在内的三十余个精彩的非遗曲艺节目，吸引观众数千人次，收获点赞十万余次，直播平均点赞数超越90%同级别账号，直播数据最高一场超越了99%同级别账号。每次直播时观众也都积极评论留言，参与节目现场互动，表现出对非遗曲艺线上直播形式的巨大热情。受此鼓舞，山城书场后续将在快手、B站等平台上进一步开展多种形式的直播互动，让非遗曲艺与互联网达到更深层次的融合。二是与蜻蜓FM和喜马拉雅电台合作，上线《重庆回声｜非遗曲艺珍档》专题节目，充分发挥专业曲艺院团的优势，选送具有代表性的非遗项目，每周不间断地更新，力求将本土非遗文化融入老百姓日常生活当中。共计推送9种非遗曲艺曲种，其中包括车灯、四川清音、四川评书、四川扬琴、金钱板、四川荷叶、四川竹琴、四川花鼓、相声等。推送曲目均为各曲种的泰斗级艺术家及国家级代表性传承人演唱，如"车灯"的创始人唐心林老师、著名清音表演艺术家和代表人物邓碧霞老师以及国家级非遗曲艺代表性传承人徐勍、李静明、陈再碧、叶吉淑等老师。节目收听数量达十万余次，使非遗曲艺在互联网的文化生态中焕发出新的生命力。三是重庆市曲艺团与华龙网开展紧密的战略合作。双方就非遗曲艺书场、人才培训、非遗演出、非遗传承与发展等方面展开合作，为非遗的宣传推广添砖加瓦。

五、重庆市曲艺团山城书场的经验和建议

(一)建立科学的人才培养机制

传承发展曲艺,就必须建立科学的人才培养机制,形成人才培养体系。一是加强对团队成员的理想信念教育和职业生涯规划引导,使其对曲艺传承更有使命感和责任感。二是做好曲艺人才职业规划,使非遗人才向专业化、职业化方向发展。三是增加演员演出频次,鼓励青年演员拜师学艺,为非遗的传承发展不断注入新鲜的血液。四是增加学习交流频次,建立完善的人才交流机制,向曲艺发展较好的地区取经。

(二)进一步拓展宣传途径

一是在演出信息、购票途径、曲艺普及、理论研究、曲艺评论等方面,充分发挥网络媒体的重要作用。二是将非遗曲艺与现代媒介相结合,不断丰富曲艺的表现形式和演出模式。三是加强与线上电台等新媒体平台的合作,扩大受众群体。四是进行线下宣传推广,举办有深度、有内容、有趣味的线下曲艺沙龙,聚集粉丝群体,形成粉丝效应。五是继续探索新的产业模式,依托新媒体,线上线下相互补充,解决团队的基本生存问题。

(三)精雕细琢,打造曲艺精品

在剧目创作上,加强曲艺院团、书场之间的合作交流,共同打造曲艺精品,增加曲艺节目的曲目和品种,丰富表演形式,增强可看性。同时,可以聘请国内曲艺专家,对曲艺院团进行艺术上的指导和帮助,提升整体演出水平和剧目水准。

(四)加强政策引导,完善保障机制

一是建立资金投入保障机制。通过政府立项,设立稳定的财政专项资金投入,同时整合社会资源,以保障地方曲艺传承发展工作有效开展。同时,鼓励社会参与,推动优秀的民族民间曲艺融入现代日常生活,融入文化产业,融入经济领域,使其充分发挥社会效益和经济效益,为构建和谐文化、和谐社会服务。二是以曲艺艺术作为丰富群众文化生活的主要方式。以曲艺为龙头带动地方其他文娱活动,积极发展地方特色曲艺,每年策划举办一定数量的曲艺活动,丰富群众文化生活,促进新农村文化建设。三是从政策上给予扶持。在人才引进、硬件设施、项目推进、宣传推广等方面为地方曲艺院团、班社提供支持。

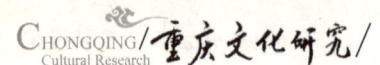

20世纪80年代：四大特色鉴定曲艺"奇葩"
——评重庆市曲艺团四川盘子精品《三个媳妇争婆婆》

舒启容（重庆市群众艺术馆）

在1982年的全国曲艺调演中，重庆市曲艺团参演的四川盘子《三个媳妇争婆婆》获得全国曲艺调演（南方片区）一等奖。这个作品深入工矿企业、城镇乡村、生产队、部队军营、学校演出，在重庆市专业曲艺舞台和群众业余舞台上演出6000余场次。该作品在成都地区也产生了一定的社会效应，持续在成都的省、市级专业曲艺院团上演；四川省多个曲艺队及县文工团也长期演出该曲目，场次及观众都达到相当的数量。由此，《三个媳妇争婆婆》被誉为四川盘子艺术的一朵"奇葩"。这个新颖的盘子节目打破了四川盘子常用的纯演唱模式，塑造了有个性的人物形象，营造了矛盾冲突，演绎了一个完整的故事。

《三个媳妇争婆婆》诞生在改革开放初期。该剧人物精神风貌积极向上，主题上崇尚真善美、鞭挞假丑恶，内容和形式寓教于乐。

之所以称它为"精品"，是因为它是创作者们台上案头孜孜以求、精心打磨的成果。其艺术成就表现在四个方面：一是主题思想精深；二是音乐（唱腔）精湛；三是制作精美；四是作品传播力与影响力广泛、深远。

一、主题思想：传播"孝道"正能量

四川盘子《三个媳妇争婆婆》由曲艺作家熊炬老师作词，李静明老师作曲。该作品弘扬了中华民族的优秀文化传统：孝道。革命先驱孙中山先生曾说："要能够把忠孝二字讲到极点，国家便自然可以强盛。"《三个媳妇争婆婆》采用第一人称的叙述手法，塑造了城市里三个风华正茂、辣味十足的媳妇和一个年迈却精明的住在农村的老婆婆形象。作者把四个人物的矛盾冲突焦点放在一个"接"字上。在"接"婆婆进城这件事上，三个城市媳妇在心理、情态上各有不同：真接还是假接，赡养还是利用，真心诚意还是装模作样，实与虚、真与假纷纷展现。她们有的如头重脚轻的芦苇，有的如嘴尖皮厚的竹笋，有的如朴素实心的树木，通过舞台形象和音乐形象的立体塑造，人物性格在演唱和表演中得到充分展现。

老婆婆聪慧机智，通过试探，暴露出三个媳妇内心世界的丑与美。

作者用反衬、夸张、讽刺的手法,鞭挞大媳妇和二媳妇的失德行为,反衬出幺儿媳妇高尚的人品。幺儿媳妇要回报老人几十年的养育之恩,要奉养照顾年老多病的婆婆,她的真心实意深深地感动了年迈的婆婆,老人热泪下落,决定跟着幺儿媳妇走。

剧情发展到此,本该结束了,让大媳妇、二媳妇想不到的是,聪慧的婆婆第二次拿出存折试探她们,这张存折使剧情又起波澜。贪心无比的两人开始抢夺存折,为抢夺存折,两人唇枪舌剑、你来我往、互相诋毁,当存折被扯破拼起、两人发现上面仅存有十块零三角钱时,失望至极,丑恶的嘴脸暴露无遗。作者用戏谑的手法、跌宕起伏的情节把剧情推向高潮,观众们产生了强烈的共鸣。

二、二度音乐创作(唱腔)精湛

曲艺作品要想成功,除了有好的文学底本外,还必须有优秀的音乐(唱腔)进行二度创作。

曲艺名家李静明老师以她多年来对四川清音曲牌的积淀和精湛的谱曲技巧,在优秀的音乐创作中塑造出不同的剧中人物及不同性格的音乐形象。曲艺传统音乐唱腔谱曲称之为"装调",所谓"装调",就是用四川清音的小调曲牌体装上新创作的文字作品,旧瓶装新酒,老套路。《三个媳妇争婆婆》的音乐创作者,汲取宋代诸宫调的格式,把传统清音小调的多个曲牌体、民歌和川剧高腔曲牌【清水令】融为一体,吟唱出四个人物唱腔旋律之间既有共性,也有个性的,符合人物情感的音乐形象。

全剧的音乐结构随剧情发展而变化,乐章整合成起、承、转、合的音律模式,迂回发展,一波三折。

(1)起。起者,曲首之音,用的是清音小调"卖杂货",为全曲音乐唱腔的骨架,作为乐句、乐段、节奏的旋律主线,按唱词中的七字句式,依字行腔。

谱例1:1=F 2/4 1/4

"卖杂货调":

春风吹过花溪河,

红满枝条绿满坡,

路上走来人三个，

三个媳妇争婆婆。

(2)承。承者，以协其调韵展开故事情节，承接而下。一曲多用的音乐形象相对固定，对不同人物的音乐形象进行补充、丰富，如大媳妇、二媳妇唱段融进"妈妈好糊涂调"，幺儿媳妇唱段融进民歌"绣荷包调"。

谱例2：1=F 2/4 1/4

"妈妈好糊涂调"大儿媳妇唱段：

大儿媳妇就是我哇，

我们家里的娃娃多，

无人照顾很恼火呦，

急忙下乡去接婆婆。

谱例3：1=F 2/4 1/4

"糊涂调"二儿媳妇唱段：

二儿媳妇就是我哇，

我们家里杂事多哇，

无人收拾很恼火呦，

急急忙忙下乡去，

接呀接婆婆。

谱例4：1=F 2/4 1/4

"绣荷包调"幺儿媳妇唱段：

幺儿媳妇就是我，

婆婆年老疾病多，

一人在家很恼火，

快快走、快快行，

专程回家接婆婆呀。

(3)转。本段是《三个媳妇争婆婆》全剧转入矛盾冲突尖锐的场次，是主题思想展现的突出场次，是整个唱段的核心。该曲作者的创作方式是，用川剧高腔的【清水令】曲牌，把人物唱词、情、声、意、句有机结合起来，叙事抒情兼有，唱腔荡气回肠，感人心脾。当唱到有恩必报，要回报母亲几十年含辛茹苦养育儿女之恩时，川剧高腔【清水令】以优美的旋律、丰富的乐思，一声抑一声扬，一声短一声长，一声柔一声悲。深情的吟唱感人肺腑、催人泪下。

谱例5：1=F 2/4 1/4

川剧"清水令调"：

媳：婆婆啊！几十年费心血，

你含辛茹苦哇！

几十年哪为儿女勤劳工作，

儿读书你早晚把心磨破，

儿有病你日夜啊睡不着，

慈母的恩情山高不过，

慈母情义比大海深得多，

慈母爱似春晖养育我。

报恩情尽全力照顾婆婆啊！

婆：好媳妇情真挚感动我，

不由我热泪往下落……

谱例6用边唱边说无眼板叙事性唱腔，将大媳妇、二媳妇巧舌如簧、厚颜无耻、见利忘义的丑恶形象，用板腔由淡到浓逐步渲染，并以叠句的技巧成功地勾画出她们的形象。

讲白：

婆：（白）幺儿媳妇，你把衣箱打开，把我的存折子拿出来。

幺：嗯！

（大媳妇、二媳妇在门外听见，面露惊喜。）

大：嗨呀！婆婆还有私房钱哪！

唱：

谱例6：1=F 2/4 1/4

一张存折晃眼过，哟咿尔哟，

存款还有三千多，

这笔存款都归我，

嘿！我做梦也会笑呵呵哇。

笑呵呵、乐呵呵，

快快拿给我。

嗯！要是婆婆不给我，

哼！她不给我我就夺！

讲白：

婆：好！

大、二：婆婆有病，我们怎么舍得离开你老人家嘛。

大：我来给你捶背哈！

二：我来给你洗脚哈！

婆：你们两个孝心"好"呵！

大：那当然啰！我走出门一想，我还是要接你走。

婆：好嘛，这存折……

（大媳妇贪婪欲夺）

大：当然拿给我。

二：拿给我。

大：拿给我。

二：拿给我。

大：拿给我。

婆：你两个拿钱做什么？

大、二：给你老人家买、买补药哇——拿给我。

大：给我，给我。

二：给我，给我。

大、二：啊哦！存折子都撕破，唉！原来只有十块零三角哇！

"转"这一章节是该剧目的经典，创作者构思精巧细腻，将全曲唱腔翻越一个又一个高峰，把四个人物形象渲染得栩栩如生。

（4）合。脉络而接之，曲之前后复合之。

谱例7：1=F 2/4 1/4

春风吹过花溪河，

红满枝头绿满坡，

路上走来人两个，

贤德的媳妇牵婆婆！

以上可见，《三个媳妇争婆婆》的音乐谱曲运用起、承、转、合的音乐模式，全曲前后呼应，对比强烈，层次清晰，在变化中求统一，从而达到音乐形象上的完美感和稳定性，成功烘托了作品的主题。

三、制作上匠心独具——道具、舞姿、伴奏

在制作上，《三个媳妇争婆婆》和其他四川盘子节目不同，表现为三个方面：首先是道具的创新运用；其次是舞姿创新；最后是伴奏乐队的补充。

道具创新。四个演员出场除了手握盘子道具，每人手中还捧着一个独凳。故事发生在婆婆的家中，四个独凳往台上一放就营造出家的氛围。其表现在两个故事情节里：一个是婆婆假意生病卧倒在床上，凳子起到了提示场景与空间的作用。再一个，幺儿媳妇眼含热泪跪在婆婆脚下倾诉回报养育之恩时，"婆婆在独凳上倒卧"。与"媳妇的跪诉"两相对比，使剧情更感人、更煽情，为整个剧情添色不少。

盘子花点舞姿结合的创新，使《三个媳妇争婆婆》的舞蹈更具有动感、美感和本土味道。作品演出时还采用戏剧台步，大、二媳妇的表演中有戏剧摇旦的元素，既有不同人物的个性展现方式，又有集体手握盘子舞动的造型。观众不仅能欣赏四川盘子新颖优美的画面，也能观看敲击盘子花点的高超技巧。还有一个细节值得提及，当厚颜无耻的大、二媳妇见钱眼开，欲抢夺婆婆的存折的时候，编者以盘子作为"存折"，两人抢着盘子不放，这就使用了虚拟写意的手法，展现了盘子艺术的灵动特色。

这里笔者要提及，伴奏乐队除采用原有的民乐伴奏外，还增添了京剧的小鼓镲打击乐，突出两个媳妇争夺银行存折，拉扯年迈体弱的婆婆时夸张的动作，生动到位地刻画了大媳妇、二媳妇的扭曲心态。

资深的曲艺舞蹈编排邱漫玲老师以其深厚的艺术功底，为《三个媳妇争婆婆》成功灌入了新鲜的四川盘子表演"浓汁"，正如她所言："一切舞美道具运用、舞台调度，都是为作品主题思想服务的。"精美的舞美制作丰富了、更升华了《三个媳妇争婆婆》的主题思想，使其艺术魅力永存。

四、作品传播力与影响力广泛深远

没有哪种艺术现象可以凭空产生，一定都有它的源与流。进入20世纪80年代，作为舞台演艺形态的四川盘子《三个媳妇争婆婆》以其深刻的思想内涵，载歌载舞的艺术形式，真切感人的人物形象，浓浓的本土生活气息，得到广大群众的喜爱，走红重庆城市乡镇。重庆市群众艺术馆，秉承着全民普及艺术的指导思想，开办了两届《三个媳妇争婆婆》四川盘子培训班。来自各行各业工会的几十名学员把《三个媳妇争婆婆》带到各基层单位演出，收获了很大的社会反响。在工矿，重棉三厂工会演出队深入车间、家属社区演出，均受到老百姓的热烈欢迎。值得一提的是长寿文化馆的六个曲艺演出

队。演出队的队员多数是来自本县农村的回乡青年,从1980年开始演出四川盘子《三个媳妇争婆婆》,1985年,六个演出队分散到了各公社文化站,从此《三个媳妇争婆婆》成为每个演出队的重头戏,传遍长寿的各个地区,演出队所到之地都挤满了热情的观众。《三个媳妇争婆婆》所讲的故事就是他们家中的事,人物说的也是他们心里的话,倍感亲切。随着故事情节和人物矛盾冲突的推起,台下时而笑声朗朗,时而鸦雀无声,时而掌声四起。无论是白天或是晚上,晴天或雨天,阳春三月或是数九寒天,演出场地都挤满了热情的观众,更有观众甚至连看几场。

长寿太平公社太平大队曾有一个年轻媳妇张某某,她从前对待婆婆又凶又恶,左邻右舍都称她是"恶鸡婆"。1981年2月,张观看了四川盘子《三个媳妇争婆婆》,她看得很感动,还流下了眼泪。当晚吃过晚饭,她破天荒地端了盆热水给婆婆洗起了脚,当时婆婆是丈二和尚——摸不着头脑。第二天她又到太平街上供销社给婆婆买解放鞋,不小心把用来丈量尺寸的干谷草给丢了,急忙回去重新量,买回了新鞋给婆婆穿上。婆婆又惊又喜地帮儿媳妇擦干脸上的汗水,缺起牙巴笑了。儿媳妇望着婆婆说:"妈,媳妇之前错了,今后我要像那个幺儿媳妇那样孝敬您!"

1984年2月,《三个媳妇争婆婆》在巴县长评公社演出,结束后,一位60多岁的老太婆迈着三寸金莲走到后台,拉着演幺儿媳妇的演员的手,一边抹着眼泪一边说:"哎,幺儿媳妇嘞,你好有孝心哟!我那个幺儿媳妇她有指甲壳那点像你孝敬你婆婆那样对待我的话,二天我死了眼睛都闭得紧紧的哟。"话音刚落,旁边过来一位留着短梭梭头的青年女子伸手轻轻拉过老太婆的手,细声细气地说:"妈,我们回家,我晓得错啦,再不那样对待您啦。"

2015年春节,长寿文化馆送戏到葛兰镇,队员们又演出了四川盘子《三个媳妇争婆婆》。刚结束,一个70多岁的老太婆走到后台,拉着演员陈某的手激动地说:"妹子,这个节目40年前我看你们演过,那阵我还是年轻的儿媳妇,是出了名的'恶鸡婆',看了这个节目成了孝顺儿媳妇,领导还派我到处作报告。从那以后,孝顺儿媳妇、五好家庭硬是越来越多哟。"40年过去了,幺儿媳妇孝敬婆婆的故事像柔柔的春风还在那些地方悠悠荡荡地吹拂着。

长寿文化馆六个曲艺演出队1980年至1984年间带着四川盘子《三个媳妇争婆婆》反复巡回演出,到过约2000个大队、3500个生产队、850个学校、150个工厂、20个军营,共演出6000余场次。由此而产生的轰动效应在1983年引起了多个媒体的关注,《四川日报》《重庆日报》《四川农民报》等对此进行了全面的报道。

（感谢长寿文化馆黄益明老师提供图片）

任何一种表演艺术是辉煌或是萎靡，鉴定的唯一标准是观众的多与寡。观众多则兴盛，反之则衰退。毋庸置疑，四川盘子《三个媳妇争婆婆》自诞生之日起就拥有了广大的观众群体，这正是它的价值所在。

猴与虎的交锋
——浅议袁国虎评书表演艺术

钟吉成（重庆市曲艺团）

"山中无老虎，猴子称大王。"猴与虎，本是两种不相干的物种，却奇妙地共存于袁国虎的身上。笔者看过袁国虎迄今为止的全部评书表演，总结而言，是猴气与虎气的结合。猴气乃灵气，主灵动；虎气乃霸气，主稳重。时而猴，时而虎，成为袁国虎表演时的主要特色。

一、猴气

近几年来，西南曲艺界传出一个强硬的声音，给予了我们足够的惊喜。其实这个声音一直存在，早在2000年左右，他就在川渝两地的川剧界初露头角，是川剧业内的"小名人"。那时他16岁，能背诵几百部川剧，对巴蜀历史、民俗、典故如数家珍。2009年，他开始学习四川评书，走上曲艺之路，直到今天，成为青年评书表演艺术家，他就是袁国虎。

袁国虎的评书表演风格，最突出的就是猴气。猴气的来源，我认为就是川剧表演艺术。

袁国虎在他父亲的引领下，积累了大量川剧磁带、录像带及剧本手稿；后来长期待在重庆市川剧院，受教于川剧界老先生，用他自己的话说，叫作"万亩良田一根苗"。当同龄人在忙着泡吧、打游戏的时

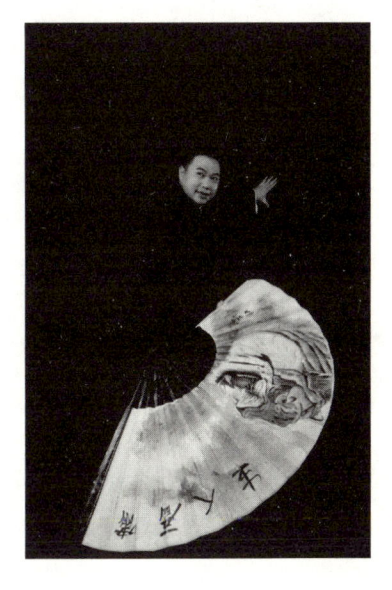

候,袁国虎却"趣"在于"戏",对戏曲艺术情有独钟,日夜追寻。在"雅兴"和"雅趣"的激励下,袁国虎完成了艺术的最原始的积累。从事四川评书艺术之后,他自然地将川剧表演技艺引入评书艺术中,形成了自己独特的风格。

例如,在《哎哟妈耶》这场短小的评书节目中,袁国虎明显地使用了川剧丑角的表演技巧。手眼身法步五法,占了三项——手法、眼法、身法。细腻、夸张,该处理的地方一个不少,该省略的地方绝不多用。

《哎哟妈耶》讽刺的是"一娘能养十儿女,十儿难养娘一人"的社会上的丑陋现象。既是讽刺,必有喜剧,有笑料,有夸张与变形。这正为川剧表演艺术找到了用武之地。节目中,为了恰到好处地表现出那些不孝顺父母的子女的丑陋言行,袁国虎不仅用语言为人物开相,还用面部表情、肢体表演,塑造出一个个不孝儿女的丑陋形象。

《马歇尔吃汤圆》中,他将马歇尔吃每一个汤圆时的神态、表情和动作都表现得淋漓尽致。儒雅、克制以及马歇尔对汤圆的无知,都在袁国虎具有猴气的面部表情中得到充分展现。

猴气的灵动,主要体现为节奏快。节奏之快,让现场观看袁国虎评书的观众为之叫绝。快节奏中显律动,使得他的表演艺术富有音乐性。

细腻、有律动,节奏快、层次鲜明,是袁国虎评书表演艺术中猴气的典型特征。

二、虎气

谈完猴气,再谈虎气。

袁国虎属虎,名字中又带一个虎字,性格上有着明显的虎气,其表演艺术带有虎气,是再自然不过的事情。

在成都,袁国虎的早期风格逐渐形成,在继承师父的同时,不时革新和改编,结合当下时代情景"现挂",当时已经让业内不少同行刮目相看。

2014年，袁国虎入职重庆市曲艺团，成为国营院团的专业演员，从江湖艺人走上了专业演员之路。由于平台、视野的变化，袁国虎广泛吸收了兄弟艺术门类的营养，为己所用；长期的评书表演舞台生涯使他的表演水平更加稳定，从而可以总结出一套具体的实践经验。

《川军借粮》《书生"说书"》等作品，都是在这个阶段创作表演的。

在《书生"说书"》的表演中，袁国虎选择用"虎气"来表现鄂芳之势力。为了刻画鄂芳之势力，他插入了"一行人""五福宫监院孤峰道长"。孤峰道长的台词"此番重庆府童子试科考刚刚结束，府尊大人辛苦受累。今乃重阳佳节，秋高气爽，桂香橘黄。听闻大人出行赏秋、登高眺远，畅游五福宫。故而贫道在此恭迎，无量寿佛，请！"，稳重而徐缓。三言两语道出鄂芳的重要性，叙事干净利落，文字干脆简练。在后续表演之前，他用了一组镜头推动故事发展："九九重阳，花开时节，幽香四溢，视野开阔。道长命人在桂香阁内备好香茶，走上台阶，绕过回廊，跨进阁门，位分主次而坐，茶罢落盏，饮罢归盘。"

整个表演过程稳重、舒缓，"镇得住场子"，能够心平气和地表现人物的深层状态。

这样的表演能力，随着他年龄的增长、阅历的增加，越加突出。岁月在他身上多了一分沉淀，少了一分喧嚣，他的表演风格从"火爆"，逐渐转变为"清凉"。

谈到袁国虎评书表演艺术的虎气，就不得不提到他的"自我锻造"。

拥有足够的自我意识，是一个普通的爱好者成长为艺术家的重要条件。其原因在于只有在拥有自我意识的基础上，才能有效地、准确地把握到时代脉搏，理解时代精神；只有在拥有自我意识的基础上，才能更好地建立艺术范式，进入独特的艺术境界。缺乏自我，或者说自我不够饱满，就只能摸到时代的一角，造出一些盆景式的景观。

"自我"这个词在本文中是中性含义，不倾向自恋、自负，也不完全等同于"个性风格"。笔者只是想用这个词表达一个艺术家身上饱满而

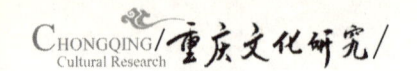

充实的精神能量。

虎虎生威,虎行似病,袁国虎的评书表演,具有节奏上的稳定感,气韵的笼罩感。这份由自我而生发出来的虎气,应该成为青年艺人成长过程中的借鉴。

三、猴气与虎气的交替

少年时代的袁国虎的遭遇,用"受尽磨难"一词形容也不为过。曾经,作为一名艺术领域的"导游",他却没有"游客",而传统艺术本身也处于低谷期。人很容易在"否定"中失去自信,而袁国虎却在"否定"中找到了自信。正因为这份"否定",让袁国虎远走他乡,痛定思痛,拥有更深刻的人生体验,并促使他重新反观曾经的积累。这是幸运的否定。这也是他锤炼虎气的重要原因。

当虎气不得不被压抑之时,他的猴气就占了上风;当猴气过于跳脱之后,虎气又来压制,以达到稳定。猴与虎的交锋就在他身上展现出来了。

如果说,他身上的虎气来源于自我,那么猴气,则来源于反思。强大的自我促使他拥有虎气,同样强大的反思能力,让他拥有猴气。

我们也可以说,袁国虎身上的猴气来源于戏曲,虎气则来源于评书。

袁国虎的幸运还在于否定和积累同时进行。当他被"否定"之后,川剧剧目纷纷安抚他的心灵,让他能结合"否定"与积累,一步步建设好自我。当他得到肯定之时,评书又赋予他灵动与轻快的猴气。在这种猴与虎、稳重与灵动中,袁国虎在艺术之路上走得越来越快,走得越来越远。

新传播环境下民间曲艺的市场策略与革新方式

蒋长朋(重庆市文化和旅游研究院)

一、回归传统:民营曲艺团的市场策略

改革开放以来,随着科学技术的飞速发展,电视、电影、移动互联网等媒介相继出现,成为大众消费和休闲的主要形式,而戏曲、曲艺等具有民间地方特色的传统艺术,则陆续成为国家保护的对象。2006年到2021年,国务院先后公布了五批国家级非物质文化遗产保护项目,共1557项,其中曲艺213项。国有曲艺团作为相关项目的非遗保护单位,更多地承担起保护、传承和发展中华优秀传统文化的重任。体制内曲艺表演团体打"传统牌"是政策导向和文化环境下的合理选择,而以市场经营为主的民营曲艺团,面对自身的生存困境,也走出了以回归传统来求变的发展道路,其中以郭德纲的德云社最具代表性。

1.表演内容与表演场地的极致回归

1998年,郭德纲提出让相声回归传统、回归剧场。这里的回归大致是回归到电视相声以前甚至是清末民国之时,主要包括了对表演内容和表演场地的回归。

表演内容方面,对传统段子重新进行了整理和改编,完全摒弃了新的歌颂、讽刺相声,而是将新中国成立后所整理恢复的传统段子重新搬回舞台,展现全面的相声表演手段。丰富的传统段子提供了大量的表演内容,也能够满足某些观众的长期欣赏需求。一场完整的相声演出包括了开场的快板书,中间的戏曲演唱,结尾的太平歌词。整场演出的段子有不同的类型,如贯口、绕口令、柳活儿、双簧等,以尽可能全面展示相声技艺。

表演场地方面,郭德纲重新组织相声艺人,重开了茶馆相声。茶馆的空间一般较小,舞台正对观众席,舞台后面即为后台。因最早的相声舞台是京剧表演舞台,所以舞台两侧有"出将""入相"两道帘门。舞台正中央摆一张铺布方桌,桌上有白布手巾、醒木、折扇,演员穿着传统的长衫大褂,脚蹬布鞋,舞台离最近的观众席两三米。观众席内摆放旧式的八仙桌,一桌容五人就座,排列紧凑,茶馆有偿提供茶水小吃。而剧场则比茶馆大,三面可坐观众,分为上下两楼,容纳观众更多。茶馆由于地方小且多为曲艺团体自己经营,所以每天都会有演出,由团体内不同的演员负责当天的表演,演员的构成和表演内容会随着当日情况而定。而剧场则更多的是属于租借的场地,剧组定期举行演出,有提前预告的演员和节目名单。德云社除郭德纲、于谦两位主要演员,其他演员分为四队,每天在不同的茶馆轮流演出,然后定期在一些较大的剧场举行相声大会,给观众特定的时间去欣赏特定的表演。这些回归使大众逐渐找回对传统艺术的认同感。

2.旧瓶装新酒——传统内容的现代改编

如果只是对传统的复刻是不能迎来相声振兴的,现代因素的参与让传统相声找到了与现代环境的对接。如传统相声《西征梦》,讲的是一个人的一夜黄粱美梦,人物和背景是古时的。郭德纲在此基础上将背景放到现在,讲述他坐直升机西征美国,站在现代战场中做了一个美梦。这种对内容语境的变换,既没有失去原有的结构,又让观众产生了共鸣。还有诸如《相面》《偷论》等表现清末民初社会风俗的相声段子,经过现代话语改编,为观众展现了旧时生活风貌,又能映照当今社会仍存在的现象。《相面》讽刺旧时封建迷信,而今日仍有类似的迷信骗局存在,由此起到了一定的"借古讽今"效果。

然而,这些改编主要还是对旧相声的"拆洗翻新",而且这种翻新还不是体现在筋骨和思想上,而是体现在以"包袱"套用"现代化"即"翻译转换"上,将其转化为现代人容易理解的"表达语汇"及其"共鸣节点"。例如,郭德纲选择用流行的方法来表演太平歌词或者大鼓词等曲艺形式,代表作品小曲儿《照花台》中的曲调就是江南小曲儿《无锡景》,《无锡景》调传入北京后,逐渐演变成今天大家熟悉的《照花台》调,也称《怯五更》调,又名《想情郎》。再如相声演员张云雷的代表小曲儿《探清水河》,其实是郭德纲取材于二人转"小帽儿"《清水河》,加以改编整理后形成的。之后张云雷等青年演员采用了吉他这种流行乐器伴奏,使传统段子曲式结构更丰富,更具旋律性,从而让相声这种传统曲艺形式受到了年轻人的关注与喜爱。

二、新媒体环境下的民间曲艺新形态

相声回归传统、回归剧场以后,起初仍只覆盖了京津地区及其周边的文化圈。此时,恰逢新的传播媒介出现,打破了传播的局限性。郭德纲一夜成名,最大的外在推动力就是移动互联网,观众不用到现场就可以欣赏相声,打破了地域传播的界限。民间艺人利用网络与观众拉近距离,从早期的博客、微博、贴吧,到现在的微信公众号、快手、抖音等自媒体平台,通过新的媒介让曲艺以一种熟悉而又陌生的面孔回归到大众视野。

1.传统曲艺的现代舞台

2014年开始活跃于电视和网络的西安"青曲社"演员苗阜、王声,其经历与郭德纲颇为相似。同样是传统相声演员出身,有着传统的师承关系和对传统技艺的扎实学习。从2007年开始,两位相声演员以地方茶馆相声去培养稳定观众群体,通过传统方式的演艺,提高艺术水平,以其相声表演的扎实基本功和对相声传统的良好继承,在同行中脱颖而出,备受瞩目。他们于2014年在北京卫视春晚上表演《满腹经纶》,受到网络热捧,随即参加2014年央视元宵晚会的表演,尔后"青曲社"又进行了全国的商业巡演,并在2015年正式登上央视春晚的舞台,其作品在电视舞台上获得了成功。

2.民间艺人的网络直播

2016年,随着移动互联网的迅猛发展,曲艺的传播既面临空前的挑战,也面临难得的机遇。一些思想较为活络的曲艺工作者,十分注重运用互联网来传播自身的创演成果,并且收到了较好的社会效果及良好的经济收益,获得了相当的艺术声名。有些中青年个体艺人,在"快手""抖音"等网络平台上注册开通自己的"直播间",定时网络直播,为传统曲艺的现代发展注入了新的内涵,带来了新的生机。如陕北榆林和延安流行的陕北说书艺人。陕北说书是曲艺"小书"的一种,表演形式通常为一至二人自弹三弦兼击节子板或拉二胡等,说唱相间地进行表演。据不完全统计,从事陕北说书或者兼职陕北说书的艺人,在榆林和延安有2000余人。2018年以来,开通直播的约有1000人。常年坚持直播并有自己稳定"粉丝"的"网红"艺人约有500人。这些"网红"艺人的影响力也各有差异,如榆林市靖边县的女艺人马美如,拥有"粉丝"120余万,在线观看她直播表演的,日均有2万余人。又如延安的高小青、贺丽和榆林的张小飞,"粉丝"分别在50万、40万和30万左右,每天观看其表演的有2000余人。还有榆林的曹张萍、薛和平等艺人,每天也有800人左右观看他们的演出。网络直播的开通,不只是增加了艺人收益,也在一定意义上传扬了陕北说书艺术,增强了艺人们的文化自信,突破了过去陕北说书主要在庙会和节日演出的传统传播方式,扩展了陕北说书在当下艺术传播的时间和空间。[①]

---

① 秦毅.张小飞:互联网+陕北说书让我成了"网红"[N].中国文化报,2018-12-10.

3.民营团体的曲艺新形态

手机短视频技术的迅猛发展带来了以个体性创演、网络化传播和自媒体发布为主要特征的曲艺创演模式。不仅个人可以随时发布自己采用短视频创演录制的曲艺节目,而且许多曲艺表演团体也开通了自己的短视频直播间。

(扯馆儿演员周庆生供图)

重庆有一个本土喜剧演出团体"扯馆儿",他们希望用重庆方言来传承和发扬重庆本土文化,演出节目内容涵盖相声、小品、脱口秀、魔术、默剧等喜剧艺术形式。他们并不是传统的曲艺演出团体。2016年成立以来,剧团在一家剧场进行了10余场演出,演出内容以相声为主。但后来由于剧场经营不善关门了,他们也失去了表演的舞台。在剧团最困难的时期,一场演出有时只有5名观众。2019年,扯馆儿重回舞台,在一场演出中,一名观众将现场演出的一段小视频发在了抖音上,获得了6万多的点赞,用重庆方言说相声的全新表演形式也进入了大众的视野。此时,短视频营销正悄然进入人们的生活中。扯馆儿把握住移动互联网的红利,开通了自己的官方抖音账号,适时分享一些演出片段,目前已收获百万粉丝,获得了500多万的点赞量。从成立初期的无人问津到如今驻场演出的场场爆满,扯馆儿的"野蛮生长"让传统艺术在当下找到了生存的出路。

(扯馆儿演员周庆生供图)

德云社在早期经历了郭德纲主张的回归传统、回归剧场以后，而今以岳云鹏、张云雷等为代表的新一代演员，他们通过曲艺舞台走红，又似乎不是因为曲艺本身。岳云鹏"耍贱、卖萌"唱五环之歌；张云雷一曲《探清水河》受人追捧，常在剧场与观众合唱；秦霄贤与"蹦迪"有关的话题让观众调侃；包括以一句"爸爸的快乐你想象不到"走红网络的郭麒麟等，他们还经常活跃在影视剧、综艺节目之中。而自称为渝派相声的扯馆儿，在保留部分相声内容的同时，加入了时下流行的脱口秀等表演内容，其演员并非全部都是专业出身，均由各行业人员兼职。而难能可贵的是，这些民营团体，以敏锐的市场嗅觉，掌握了自媒体时代的"流量密码"，再从线上到线下，吸引着观众进入剧场观看演出。当然，这些由传统曲艺衍生出的民间曲艺新形态，必然在曲艺的表现手段、基本程式、审美情趣、受众沟通等方面展露出不同的变革要求。产生这些变革有一定的客观原因，需辩证看待，不可一律斥之为"哗众取宠""离经叛道""欺师灭祖"等，如果对这些在都市、新媒体已经有了自己一席之地的新曲艺生态视而不见、置若罔闻，便有点自欺欺人的感觉了。

三、民间曲艺的调整与革新

曲艺改良的直接动因是艺人生存的需要，这也客观上促成了曲艺艺术水平的提升和演出方式的调整。曲艺艺术与发展环境是相互作用、相互影响的关系，曲艺发展需要的是二者之间的良性互动。但是，在短视频传播风靡的社会背景下，不论是回归传统的曲艺还是新的曲艺业态，面临的现实困难和问题都很明显。那些个体化的短视频节目及直播间演出，由于种种原因，存在着节目创演的短平快、碎片化、娱乐化和炫技性等弊端。同时，在经营管理上充斥着跟风带节奏、单纯求流量、趋附蹭热点、迎合挣打赏的非艺术倾向，使得商业目的及粉丝文化反复冲淡甚至消解原本该有的精神质地和艺术品格，民间曲艺业态的调整与适应任重而道远。具体来讲，曲艺与时代发展的合拍、与地方风俗文化的有机融合、与观众审美的同步，甚至曲艺艺术的传统特点、演员的个性风格，都是曲艺调整改革的目标。

1.改良艺术语言

为适应受众的审美需求，要对语言实施艺术化的改良，糅进表演、音乐、舞美、模拟、道具等辅助手段，来构成足以吸引观众关注的艺术形式。曲艺以有声语言为载体，语言是最重要的艺术手段，当它用于生活中的沟通交流时，对语言的准确度、节奏没有太多的要求，只要相互听得懂，就可以完成交流；而当语言作为曲艺的艺术表现手段时，便务必清晰、准确、快捷，确保观众在瞬间明白演员的表达意图，以便于艺术想象的生成。要完成这样的任务，就要求曲艺工作者运用各种技巧对原生态的生活语言进行艺术加工，换言之就是对生活语言实施改良。演员们可以加入表演、形体、音乐、舞美、道具、文本创作等手段，来帮助语言准确传达。这是基于原生态语言交际功能的改良，目的是丰富表现力，使语言传达更为准确、形象、生动，易于调动观众的欣赏热情。

2. 同步观众审美

观众之于曲艺的重要性，无需多言。要强调的是，曲艺观众不仅是曲艺的鉴赏者，在很长的历史时期内，曲艺作为一种职业，承担着为从业者提供生活所需的任务，留住观众，就是留住了曲艺发展的希望和动力，失去了观众的曲艺就等于是失去了一切。观众对曲艺关注力度的强弱，对艺人的经济收入构成直接影响。所以，曲艺的改良既是表演者积极主动的艺术创造活动，同时也是迫于生计的被动性改变，表面上看是为了满足受众的审美心理、文化层次、艺术修养的综合需求，实际是为了聚集受众获得收益、满足生存而不得不采取的必要手段。其根本目的，是寻求曲艺艺术与受众审美需求的平衡，解决二者之间不协调的矛盾，使得艺术传达能够使受众容易接受。所以，曲艺改良的原因是艺人生存受到挑战，改良的动力是经济利益的驱使，改良的目标是重新获得观众。

3. 与时代发展合拍

曲艺的发展环境是一个动态的概念，因为每一个历史时期的经济、政治、科学的发展都存在差异。曲艺和环境的关系也不是一成不变的，而是打破、建立、打破的循环往复。曲艺在不断变化的发展环境下，需要做出适应性的改良举措。当下，短视频传播迅速兴起，曲艺需要在创作手法、表现形态上进行改良，以适应新的传播方式。现代社会瞬息万变，新技术的不断涌现，新理念、新信息时刻刺激着人的感官，曲艺不可能逆历史潮流，对新生事物不闻不问，必须在传统的艺术手法、管理体制、营销手法上，做出适时的改良，融入新技术、新理念，实现与时代发展的合拍。

4. 处理好与地域文化之间的关系

地域文化与曲艺相关的因素，包括了当地的方言、人们的生活习惯、价值观、道德观等多方面的内容。在全球化背景下，人们之间的交流日益增多，民族文化加速融合，特别是普通话的普及，导致了一些地方曲种因为不能被受众听懂而传播受阻。在努力适应的过程中，有的地方曲种直接改方言为普通话，但收效甚微，且褒贬不一。如果在当地演出，保留纯正方言进行表演；而在异地演出中，减少方言词汇的使用，把带有方音的普通话作为艺术手段，也许是一个可行的办法。这样，既不影响方言曲种的特色，保持演唱类曲种音调的顺畅，又能不影响与受众的信息交流。

总的来说，曲艺的调整与革新，是从业者适应环境需要，基于生存发展的主动行为。调整与革新的起始点是满足观众的审美需求，只有获得观众认可，曲艺才能实现自身的艺术价值，才能完成为人民服务的目标，产生社会效益和市场效益。所以，不管是对艺术本体的调整，还是发展环境的革新，最终还是要落实到适应观众的审美习惯上来。曲艺离开了观众，一切都无从谈起。

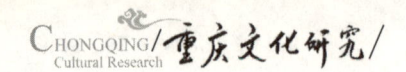

《史记》谶纬研究

张银轩、张草

（重庆市长寿区博物馆、重庆市长寿区图书馆）

【摘要】本文摘录《史记》中的谶纬，对谶纬的释名、起源以及《史记》中谶纬的形式和特点进行分析，从而揭示谶纬的本质，兼论《史记》中的谶纬对后世的深刻影响。

【关键词】《史记》；谶纬；批判；形式；影响

《史记》是我国第一部纪传体通史，它与《汉书》《后汉书》《三国志》合称为"四史"。作为一部历史巨著，《史记》继承了寓褒贬于文字之中的春秋笔法，班固认为："其文直，其事核，不虚美，不隐恶。"（《汉书·司马迁传》）作为一部伟大的文学著作，《史记》开创了纪传体体例，其后的二十三史均沿袭这一体例。历代为其作注者众，最有名的是三家注，即南朝宋裴骃《史记集解》、唐司马贞《史记索隐》、唐张守节《史记正义》。史学家、文学家如东汉班固，唐代韩愈、柳宗元，宋代郑樵等，都对其作了非常高的评价。鲁迅更是称其为"史家之绝唱，无韵之《离骚》"（《汉文史纲要》）。谶纬作为古代的一种文化现象，在《史记》中亦不乏记载，很值得我们去研究，笔者拟对其进行简略的述评。

一、谶纬释名

对于"谶纬"，我们现代人已经非常陌生，但在古代却十分普及。大到朝代更迭、政治变迁、宦海沉浮，小到日常衣食住行，都无不与谶纬联系在一起。历朝历代史书中对谶纬的记载俯拾皆是，就连一些诗集、随感之类的书中也不乏对其的描述。

彭城李涓，字蓉湄，以选拔入京师。一日，欲救某友之窘，卖所乘小驷赠之。赋诗云："从此蹒跚懒行步，好花都让别人看。"亡何，不第而亡。人以为谶。

——（袁枚《随园诗话》卷四）

好心卖马车接济友人，作的诗却成了谶语，预示了自己的早亡。

谶纬是什么？最早"谶"和"纬"是两个互不相干的词语。谶就是谶语，是预测吉凶的隐语，在古代因为有图解，故又叫图谶。"谶，验也。有征验之书，河洛所出书曰谶。"（许慎《说文解字》）它又是怎样和纬联系在一起的呢？纬本义是对《诗》《书》《礼》《易》等经书的解释，"纬，围也。反复围绕以成经也。"(《释名·释典艺》)纬，说白了，也是神学迷信、阴阳五行与经义的结合。可见，谶、纬都是虚妄之说，那么，"谶"与"纬"自然就联系在了一起。有的人甚至认为"谶"与"纬"基本是相同的概念：

> 这两种在名称上好像不同，其实内容并没有什么大分别。实在说来，不过谶是先起之名，纬是后起的罢了。

——(顾颉刚《秦汉的方士与儒生》第十九章)

谶纬实际上就如北方人常说的"乌鸦嘴"，南方人常说的"破口话"，但它又比"乌鸦嘴""破口话"更隐晦，不易被人理解。其实，谶纬就是对某些言语进行穿凿附会、随意联想得出的，有的甚至为了达到自己的目的人为造谶。

> 翟永龄赴试，苦无资，乃买枣，泊舟市墟，呼群儿，与枣一掬，教之曰："不要轻，不要轻，今年解元翟永龄。"常州至京，民谣载道，大获赆助。

——(明冯梦龙《古今谭概·儇弄》)

这是明冯梦龙《古今谭概·儇弄》里记载的一个故事：有个考生叫翟永龄，到南京参加乡试，囊中羞涩，于是造谶敛财，渡过难关。

关于谶纬，学者们没有给出一个准确的定义。但有一点是一致的，即指示吉凶的先兆。这里包含三个意思：一是预测吉凶，尚未发生的事都有先兆，这个先兆就是谶纬；二是隐晦，先兆多不易被人察觉，只有事后才知早有预示；三是形式很多，谣谚、行为、梦境等等，凡是能预测吉凶的言行和自然现象都可能成为谶纬。

> "谶者，诡为隐语，预决吉凶。"

——(清纪昀《四库全书总目提要》)

学术界基本同意这个观点，我也深以为然，姑且作为笔者的结论吧。

二、谶纬溯源

谶纬起源于何时？这是目前争论最大的一个问题。钟肇鹏先生在《谶纬论略》中就列举了十二种之多，有说起源于太古，有说起源于周代，有说起源于春秋，有说起源于战国，有说起源于秦代，有说起源于汉代等等，不一而足。

与谶纬相比较，占卜之术更早一些，各个朝代都有专门的占卜官。夏朝叫秩宗，商朝叫卜，周朝叫太卜，汉朝叫太卜令。这些官员的工作一是负责祭祀，二是负责帮助统治者决疑，为国家预测吉凶。换言之，占卜官的一个重要职责用今天一句时髦的话就是"可行性论证"。商朝占卜盛极一时，1928年河南安阳殷墟出土的甲骨文大都是卜辞，略举一例：

> 癸巳卜，㱿殳贞："旬亡田?"王曰："其来。"

——(《卜辞通纂》512片)

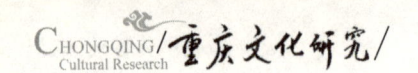

那么,占卜用什么方法呢？最早是龟甲和蓍草,一是用龟甲灼烧后的裂纹推演吉凶,二是用50根蓍草(只用49根)推演吉凶。许多古籍里都有记载:

稽疑:择建立卜筮人,乃命卜筮。

——《尚书·周书·洪范》

成季之将生也,桓公使卜楚丘之父卜之。曰:"男也。其名曰友,在公之右。间于两社,为公室辅。季氏亡,则鲁不昌。"

——《左传·闵公二年》

《史记》里有一篇《龟策列传》,专门记述古人占卜之事。可见,在古人眼里,家国大事都要占卜一番,若吉则可行,若凶则不可行。

自古圣王将建国受命,兴动事业,何尝不宝卜筮以助善！

——《龟策列传》

南方老人用龟支床足,行二十余岁,老人死,移床,龟尚生不死。……龟见梦曰:"送我水中,无杀吾也。"其家终杀之。杀之后,身死,家不利。

——《龟策列传》

从以上材料可以看出,《史记》之前的先秦典籍里基本没有谶纬的记载,但占卜却大行其道,上引《史记·龟策列传》第二段可见谶纬的雏形。

占卜与谶纬既有区别,又有联系。区别在于,占卜是人们的主动行为,重大事情需要决策时,由占卜官主动为之;谶纬是被动的,是出了某种征兆而推测吉凶。联系是都预测未来,占卜在前,谶纬是在占卜的基础上逐渐演变而来的。由此我们可以得出一个简单的结论:谶纬起源于占卜,但应不早于秦汉。顾颉刚先生一针见血地指出:"当汉取秦时,尽力打仗,竟得成功,这真可说是一件大事,但那时是没有人引谶的。就是最喜欢讲术数像睦弘道辈人,也没有提起过谶书。"(《秦汉的方士与儒生》第二十二章)但是,有一个问题值得我们思考,即传说中的《河图》《洛书》被后世尊为谶纬的蓝本,却出现较早:

凤鸟不至,河不出图,吾已矣夫！

——(《论语·子罕》)

这里的"图"是指"八卦图",是占卜用的东西,严格意义上讲,不是真正的谶纬,只是后人在注释的时候,把它说得与谶纬无别。

三、《史记》的谶纬形式

谶纬在汉代早期已经成型,西汉中期开始盛行,西汉末期极盛,尤其是新莽和东汉时期。《史记》中的谶纬也不少,下面对其形式作一下介绍。

(一)谣谚

童谣、歌谣均为谶纬载体,可以预测未来吉凶。《史记》中谣谚成为谶纬是很常见的,略举几例:

1.燕人卢生使入海还,以鬼神事,因奏录图书,曰"亡秦者胡也"。

——《秦始皇本纪》

2.(范增)往说项梁曰:"……夫秦灭六国,楚最无罪。自怀王入秦不反,楚人怜之至今,故楚南公曰:'楚虽三户,亡秦必楚'也。"

——《项羽本纪》

3.乃丹书帛曰"陈胜王",置人所罾鱼腹中。卒买鱼烹食,得鱼腹中书,固以怪之矣。又间令吴广之次所旁丛祠中,夜篝火,狐鸣呼曰:"大楚兴,陈胜王。"

——《陈涉世家》

第一、二则是预测秦朝灭亡的,第三则是陈胜、吴广造谶起义的。这几段历史相信读者都非常清楚,不再赘述。

(二)行为

人们的一些行为可能预示未来,如:

1.始皇封禅之后十二岁,秦亡。诸儒生疾秦焚《诗》《书》,诛僇文学,百姓怨其法,天下畔之,皆讹曰:"始皇上泰山,为暴风雨所击,不得封禅。"此岂所谓无其德而用事者邪?

——《封禅书》

2.高祖被酒,……"前有大蛇当径,愿还。"高祖醉,曰:"壮士行,何畏!"乃前,拔剑击斩蛇。……后人来至蛇所,有一老妪夜哭。人问何哭,妪曰:"人杀吾子,故哭之。"人曰:"妪子何为见杀?"妪曰:"吾子,白帝子也,化为蛇,当道,今为赤帝子斩之,故哭。"

——《高祖本纪》

第一则是说秦始皇封禅遇阻故而亡国;第二则是非常有名的刘邦斩白蛇起义,最后得天下的故事。可见,人的所作所为能够成为预示未来的谶纬。

(三)出生

人的出生也是有先兆的,贵者出生即不平凡,试举几例:

1.殷契,母曰简狄,有娀氏之女,为帝喾次妃。三人行浴,见玄鸟堕其卵,简狄取吞之,因孕生契。

——《殷本纪》

2.周后稷,名弃。其母有邰氏女,曰姜原。姜原为帝喾元妃。姜原出野,见巨人迹,心忻然说,欲践之,践之而身动如孕者。

——《周本纪》

3.其先刘媪尝息大泽之陂,梦与神遇。是时雷电晦冥,太公往视,则见蛟龙于其上。已而有身,

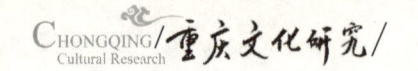

遂产高祖。

——《高祖本纪》

我们可以看出，这几则出生的谶纬皆出自本纪，主人公都是帝王，他们的母亲或先辈怀孕都是上天的安排，此所谓"君权神授"。

(四)相貌

在古代，人的长相被赋予特殊的含义，能够决定人的一生。

1.范蠡遂去，自齐遗大夫种书曰："蜚鸟尽，良弓藏；狡兔死，走狗烹。越王为人长颈鸟喙，可与共患难，不可与共乐。子何不去？"

——《越王勾践世家》

2.条侯亚夫自未侯为河内守时，许负相之，曰："君后三岁而侯。侯八岁为将相，持国秉，贵重矣，于人臣无两。其后九岁而君饿死。"

——《绛侯周勃世家》

3.通曰："相君之面，不过封侯，又危不安。相君之背，贵乃不可言。"

——《淮阴侯列传》

第一则是有名的鸟尽弓藏、兔死狗烹的故事，范蠡根据越王勾践的长相推断其"可与共患难，不可与共乐"，规劝文种一起离去，文种不听，后被赐死。第二则许负为条侯周亚夫相面，认为他将会饿死于狱中，果然。第三则是蒯通为韩信相面，劝他自立的故事。

(五)物象

各种自然现象也是谶纬载体，古人认为风雨雷电、斗转星移、山川震动都是未来的先兆。《史记》中也很常见。

1.幽王二年，西周三川皆震。伯阳甫曰："周将亡矣。……"是岁也，三川竭，岐山崩。

——《周本纪》

2.汉之兴，五星聚于东井。平城之围，月晕参、毕七重。诸吕作乱，日蚀，昼晦。吴楚七国叛逆，彗星数丈，天狗过梁野；及兵起，遂伏尸流血其下。……

——《天官书》

3.贾生为长沙王太傅三年，有鸮飞入贾生舍，止于坐隅。楚人命鸮曰"服"。贾生既以适居长沙，长沙卑湿，自以为寿不得长，伤悼之，乃为赋以自广。

——《屈原贾生列传》

第一则是说周幽王时期地震预示西周灭亡。第二则是说星象预测未来。第三则是说贾谊家里飞来一只鸮鸟预示其早亡。

(六)梦境

日有所思,夜有所梦,一个健康的人睡眠时都可能进入梦乡,这是再寻常不过的事,古人却认为它是未来的先兆。《史记》里也不乏记载。

1. 武丁夜梦得圣人,名曰说。

——《殷本纪》

2. 初,赵盾在时,梦见叔带持要而哭,甚悲;已而笑,拊手且歌。

——《赵世家》

3. 男方在身时,王美人梦日入其怀。以告太子,太子曰:"此贵征也。"

——《外戚世家》

4. 孝文帝梦欲上天,不能,有一黄头郎从后推之上天,顾见其衣裻带后穿。觉而之渐台,以梦中阴目求推者郎,即见邓通,其衣后穿,梦中所见也。

——《佞幸列传》

第一则讲武丁梦中得到圣人,遍寻朝野终得傅说,天下大治,这与周文王梦得姜子牙如出一辙。第二则是有名的赵氏孤儿的故事。第三则讲汉景帝刘启的妃子王美人梦日入怀生下刘彻,后继位为汉武帝。第四则讲汉文帝刘恒梦中得一佞幸之臣邓通,后邓通深得汉文帝宠幸,富可敌国,大抵能与清代和珅齐名。这些梦谶都成了现实。

四、《史记》谶纬特点

古人对这些现象无法作出科学的解释,于是就认为这是上天给出的预示。司马迁生活在两千多年前的西汉时期,我们不能用现在的观点去苛求他。但是我们可以从中了解《史记》中谶纬的一些特征。

(一)政治性强

《史记》中的谶纬与后来史书中的谶纬一样,都是一些政治预言,这些预言关系国家的兴衰、朝代的更迭、帝王的得失、肱股的成败等等。不妨来看看:

儿乃谣曰:"恭太子更葬,后十四年,晋亦不昌,昌乃在兄。"

——《晋世家》

晋献公本有三个儿子申生、重耳、夷吾,后来得了骊姬又生了两个儿子奚齐和悼子(一说"卓子")。太子申生是其继承人,献公时,被骊姬设计害死。公元前651年,献公死,立骊姬所生奚齐为君。大夫里克等人不满,杀了奚齐和悼子,立夷吾为惠公。夷吾上台后,重新安葬了死去的太子申生,但仍非以太子之礼。这则童谣就是此时开始流传的。果然,公元前636年,逃亡在外的重耳在秦国的支持下,回到晋国当上了国君,成为有名的春秋五霸之一的晋文公,此所谓"昌乃在兄"。这是预

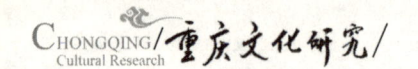

测晋文公称霸诸侯的政治预言。这样的谶纬很多,包括夏商周及秦汉各个时期的政治变迁。

(二)隐晦虚妄

首先,谶纬都是非常隐晦的,不易被人理解。

二十五年(笔者注:应为二十四年)春,鸲鹆来巢。师己曰:"文成之世童谣曰'鸲鹆来巢,公在乾侯。鸲鹆入处,公在外野'。"

——《鲁周公世家》

这个故事非常离奇,意思是说如果有八哥前来筑巢,就预示大王要逃难到乾侯。不仅预测了鲁昭公要逃难,而且连逃到什么地方都知晓了。这种预言非常隐晦,不知应在何人身上,数十年后才知道说的是鲁昭公。

其次,谶纬都是虚妄的,有的甚至是自相矛盾的。我们来看本文所引的第一则:

宣王之时童女谣曰:"檿弧箕服,实亡周国。"

——《周本纪》

"檿弧",即桑木做的弓,"箕服"指剑囊。一对卖"檿弧""箕服"的夫妇收养女婴褒姒,长大后褒姒进宫,烽火戏诸侯,使周幽王亡了国。

实际上我们算算时间就知道这则谶纬是怎样的虚妄。那个女婴是周厉王(?—前841年)时期一个宫女生下的,宣王时(前827年—前783年)被人抱了去抚养,到了幽王三年(前779年)那女婴才成人,并因年轻貌美被选进宫。如此,那孩子长了近50年才成为十几岁的少女。真乃诞语。

实际上谶纬都是后人假托古代圣人的话预测吉凶,以便使人们相信这些预言,其实完全是虚妄的,根本就不可信。正如顾颉刚所说的:"这些谶纬真是从黄帝到孔子许多圣人们所作的吗?恐怕除了丧失理性的人谁也不敢答应一声的。"(《秦汉的方士与儒生》第十九章)

(三)影响深远

谶纬的影响可谓深远而巨大。秦汉之后,经史子集里的许多内容都被赋予了谶纬的解释。比如唐代孔颖达在《五经正义》中近乎全面运用谶纬释经。下面举个《史记》里的例子:

汉八年,上从东垣还,过赵,贯高等乃壁人柏人,要之置厕。上过欲宿,心动,问曰:"县名为何?"曰:"柏人。""柏人者,迫于人也!"不宿而去。

——《张耳陈余列传》

汉高祖七年(前200年),刘邦在东垣平定韩信余党叛乱回京时,路过赵国柏人县,此时赵王是刘邦的女婿张敖,张敖的国相贯高想谋杀刘邦。刘邦听到这个县名立即意识到不吉利,"柏人"就是"迫于人"的意思。于是决定离去,从而躲过了谋杀。根据地名、人名来预测吉凶的谶纬影响深远,《三国演义》中的凤雏先生庞统之死于"落凤坡"、蒋介石的得力干将戴笠之撞机于岱山皆被解释成地名预测吉凶的范例,其实这只是巧合,没有必然的联系。

至于其他谶纬形式对后世的影响也有很多的例子,比如汉代的"刘秀当为天子""代汉者当涂高",隋代的"桃李子,得天下",唐太宗时期的"女主昌""唐三世之后,女主武王代有天下",等等。

参考文献:

[1](西汉)司马迁.史记[M].北京:中华书局,1999.

[2]论语[M].北京:中华书局,2022.

[3]尚书[M].北京:中华书局,2009.

[4](春秋)左丘明.左传[M].北京:中华书局,1962.

[5](东汉)班固.汉书[M].北京:中华书局,1999.

[6](西晋)陈寿.三国志[M].北京:中华书局,1999.

[7](明)罗贯中.三国演义[M].北京:人民文学出版社,1998.

[8](清)袁枚.随园诗话[M].北京:人民文学出版社,1982.

[9](清)纪昀.四库全书总目提要[M].上海:上海古籍出版社,2002.

[10]顾颉刚.秦汉的方士与儒生[M].杭州:上海古籍出版社,2005.

[11]栾保群.历史上的谣与谶[M].北京:中国档案出版社,2006.

[12]钟肇鹏.谶纬论略[M].沈阳:辽宁教育出版社,1997.

地域民族文化视野中的酉阳地区文学

向笔群

(贵州省铜仁学院文学院)

【摘要】 酉阳文学是重庆文学的重要组成部分。酉阳虽然位置比较偏远，但其历代的文学创作毫不逊色，被称为"酉阳文学现象"。酉阳文学分为四个时期：远古到北宋时期为"文化启蒙期"，北宋的酉阳土著政权开始建立到清乾隆元年的改土归流时期为"土司文化时期"，清改土归流到新中国成立为"酉阳文化的融合时期"，新中国成立到现在为"酉阳文化发展的新时期"。酉阳文学的发展离不开地域民族文化滋养，民族传统文化是酉阳文学创作的根与魂。

【关键词】 地域文化；酉阳文学；四个时期；滋养

酉阳地区文学是重庆文学的重要组成部分。酉阳位于重庆南部，位置比较偏远，但酉阳历代的文学创作与不少文化发达的地方相比也毫不逊色，被称为"酉阳文学现象"。在我看来，酉阳地区文学创作有着悠久的历史文化传统，其与当地的历史文化传承密不可分。

土家族是一个年轻而古老的民族。说年轻，她是在1957年得到国家的认定；说古老，在几千年前土家人就生活在武陵山区的九溪十八峒。酉阳是土家族摆手舞的故乡，摆手舞从酉水河边的后溪传播到其他土家族地区，成为土家族传统文化的"活化石"，生动地表现了这个民族的历史进程和生活状态。其价值在于它是一个民族传统文化精神的延续，是历史进程中孕育的精神力量，被民俗学家认为是土家族的肢体史诗，具有深刻的文化内涵和艺术价值。这一传统文化载体同时具有观赏价值和精神价值，是探究土家族文学的"活教材"，是酉阳地域文化的"软黄金"。

"一把芝麻撒上天，这里的山歌千万千"，道出了古州酉阳的山歌甚多。一个地区最初的文学来自民歌。民歌应该是文学的起源，这是文学理论界达成的共识。广泛传唱的《麻秆点火》《黄杨扁担》《木叶情歌》等就诞生在这片多情的土地上。我曾经将这里的山歌称为武陵山区的"信天游"，如果说"信天游"代表了陕北那片土地上的人民的生命历程，那么酉阳民歌就代表酉阳这片土地上人民生生不息的精神，或者说代表了这个民族对美好生活至真至纯的追求。"稀烂背篼眼眼多，背起背篼找情哥，一早找到天黑尽，不知情哥在哪坡"，歌词展现了追求真爱的艰难，正因为追求真爱不易，我们才去追求，这就是土家族文化精神的内在力量。酉阳民歌极具开发价值，其是土家族民族文化的心灵表现,是一个民族心路历程的呈现,研究民歌的目的不只是研究民歌的表象,而是要发掘其史诗般的特质,让这种文化精神成为我们文学创作的主题,成为我们文学发展的驱动力,使之传播开来。民歌,是心灵声音的流露,是流传千年的民族经典,显示了强大的生命力,其对我们有着深刻的启示:凡是显而易懂的东西,更易于在民间传播。这就是我们的文学应该贴近生活,贴近群众,体现出真正的社会价值的原因。

酉阳是土家族的发祥地之一,据历史文化学家考证,乌江流域、酉水流域、清江流域是土家族的三大文化摇篮。而酉阳就位于乌江、酉水流域的交会地带,形成了独特的区位文化特征。

一个地域的民族传统文化,是该地域在长期历史过程中形成的文化积淀。而酉阳的民族传统文化就是酉阳地区所形成的区别于其他地域的文化。传统文化的内容非常宽泛,涵盖了语言、风俗习惯、信仰、民间文学等诸多方面。传统文化是民族文学创作之母,是民族精神文化的灵魂。酉阳的传统文化对该地域的文学创作起着渗透和主导作用。

文化底蕴是一个地域文学创作的根基。文学创作对于每一个作家来说都是地域性的,同时,文学创作也是立足于本民族的,酉阳的文学创作也不例外,从宋元时期的土司文学到新时期的文学创作,作家总把地域语境的书写与民族精神的书写放在创作的重要位置。显而易见,地域性和民族性成为酉阳文学创作的文化推动力。把民族语言放置在文学创作中,把地域语言与文学语言有机融合,形成自己独特的语言表述方式,才具有自己创作的地域个性,才能把地域语言优势转换成文学的优势。

酉阳是一个文人辈出的地方。笔者认为,可以把酉阳的文化发展分为四个时期:远古到北宋时期为"文化启蒙期",北宋的酉阳土著政权开始建立到清乾隆元年的改土归流时期为"土司文化时期",清改土归流到新中国成立为"酉阳文化的融合时期",新中国成立到现在为"酉阳文化发展的新时期"。

第一个时期,我们称为"文化启蒙期"。这一时期,巴人和当地土著居民融合,土家族开始形成。这个时期的文化应该处在口头文化时期,基本没有文本的记载,最初的文学创作应该是从民间开始的。那个时候,当地先民生活在深山峡谷里,过着刀耕火种的日子,产生了一种对自然的崇拜。该时期的文学作品主要是民歌。酉阳的民歌就是酉阳最初的诗歌。比如《土家族创世史诗》《丢个石头试水深》《风吹巴茅摇啊摇》《苦媳妇》《苦歌》《哭嫁歌》《上梁歌》等作品,是自然和心灵的交融。此外还有土家族的民间故事,如《锦鸡姑娘》《张古老开天,李古老制地》就是这一时期酉阳土家族文学的典范作品。这些口口相传的作品至今还在酉阳的部分地区流传。

第二个时期为土司文学时期。酉阳土司政权的建立使得酉阳文学与土司文化产生了一定的历史渊源,历代土司留下了不少的诗文,如冉舜臣就是一位值得研究的土家族作家,其散文《飞来山记》就是描写的酉阳的自然景观,体现出酉阳古代文学的传统文化因素。同时,他也留下了大量的诗篇。土司冉天育留下了诸多诗篇,其中不乏具有酉阳民族风情的诗歌,蕴含了酉阳传统文化的元素。传说土司冉云酒后赋诗一首:"点点一小舟,嗯呀向东流,哗啦几桡片,噢嗬下扬州。"该诗如今还在民间广为流传,可见该土司作品的影响力。土司冉兴邦曾经提倡汉学,倡导儒学教育,这对古代酉阳的文化发展起到了一定的推动作用。还有冉仪、冉奇镳等土司的诗文也有流传。酉阳的土司文学是特定的历史背景下出现的人文现象,不难理解,在当时"汉不入境、蛮不出峒"的历史语境下,土司文学代表着当时酉阳文学发展的水准。很少有人将土司文学纳入酉阳文学的主流体系,这可以说是我们文学研究者长期忽略的一个地域文化问题。这个时期,除了土司文学以外,还产生了大量的民间文学作品,以反映这个时期当地民众的生活情趣。土司文学时期,酉阳的文学已经进入了纸质传媒时期,许多宝贵的诗文流传了下来,为我们研究土司文学提供了一些可靠的材料。

第三个时期为酉阳文化的融合时期。1736年,酉阳实行改土归流,随着外来官僚、外来的族系等的进入,酉阳的文化进入了一个新的融合时期。不少官员在酉阳留下了大量的诗文,这也是酉阳文学的重要组成部分,应该纳入酉阳传统文化的体系。比如,酉阳知州、云南人赵藩就在酉阳留下了不少的诗歌,比如《摆手歌》《题大酉洞》就是酉阳诗歌史上难得的佳作。在这一时期,除了有丰富的诗人原创作品,亦有文人学者呕心沥血,收集整理历代有关酉阳的诗文,汇编成集。比如清代酉阳人冯世瀛选辑酉阳等地明清文人学者诗作近三千首,集成《二酉英华》。陈梦昭先生在这方面有颇多研究,编著有《桃花源历代诗文选》《酉阳历代诗词选》等。这些都是研究酉阳古代文学乃至酉阳文化的重要资料。

近代酉阳文人也有不少篇什。土家族诗人陈景星就是其中的一个典型代表,他的诗篇中有不少咏物怀乡之作,带着酉阳文化的元素,只要仔细品读,就会体味出酉阳本土文化的精神。许多走出酉阳的仁人志士都留下了与酉阳有关的文字,比如王勃山及其女儿王剑虹,革命者赵世炎、刘仁等,他们虽然走出了酉阳大地,但酉阳文化的传统情结或多或少在他们的作品中有所显现。可见,酉阳传统文化已经融入了他们的血液。许多外来的作家在酉阳也留下了他们的笔迹,如沈从文、丁玲曾经在20世纪20年代写下有关龙潭的优美文字。酉阳曾经是红色根据地,在这里留下了一些有关于红军的传说和歌谣,《酉阳红军歌》就是典型的例证:"太阳出来满山红,扛起梭镖跟贺龙,千人成立游击队,穷人翻身不受穷。"

第四个时期,酉阳文化发展新时期。这个时期的酉阳文化发展分为两个阶段。第一个阶段为1949—1978年,这个时期酉阳的文学由于受到政治因素的影响,革命主题的文学作品占了主角,杨贤才先生的《梨庄保卫队》和冉庄的诗集《沿着三峡走》是这个时期酉阳文学的代表作品。陈梦昭的格律诗创作形成了这个时期酉阳文学的另一格调。第二个阶段为改革开放的新时期,随着伤痕文学和改革文学兴起,酉阳产生了大批作家和作品。可以说,这是酉阳的多元文化时期,但是,传统的文学创作仍然是酉阳文学的主体。

冉庄出版了诗集《河山恋》《冉庄诗选》《冉庄文集》。在《重庆文学史》中,冉庄被称为重庆少数民族新文学的缔造者之一,为新中国成立以来酉阳的前辈作家。祖籍重庆酉阳的作家石邦定的小说

《公路从门前过》获得1983年全国首届优秀短篇小说奖。文学评论家、长江师范学院教授、"乌江作家"的倡导者冉易光出版了文学评论集《固守与叛离》《阳光的垄断》和小说集《人迹》。其中，《固守与叛离》获1999年重庆市社科优秀成果三等奖、2001年重庆市文艺评论奖，《阳光的垄断》2005年获重庆文学奖。土家族作家邹明星，其作品曾在《人民日报》等平台发表，近年来其相继出版了《武陵短章》《土家摆手舞》等作品集。

改革开放初期，酉阳的文学创作只有杨贤才出版的一部几万字的儿童文学单行本《梨庄保卫队》，陈梦昭发表的一些古体诗，连一个省级作家协会会员的作品也没有。而今，加入中国作家协会的酉阳人有冉仲景、杨犁民、野海等人。加入重庆作家协会有邹明星、舒应福、姚明祥、冉丽冰、崔荣德、任明友、袁宏近等20人。这在重庆的区县是一个较为独特的文学现象。

20世纪50年代开始写作品的杨贤才已加入了新时期文学创作的队伍。80年代初，"莽汉派"诗人李亚伟写出代表作品《中文系》。同时，二毛、张昌等开始与李亚伟遥相呼应，加入"莽汉"诗派。舒应福、姚明祥等人在80年代中期走上文坛。王光豪、刘天海、袁宏等一批文学青年开始诗歌创作。冉仲景在《民族文学》上发表他的处女作《山舞》，步入中国诗坛。杨再道在湖南一些报刊上发表文学作品。高波等人也在一些报刊发表文学作品。一些老作者也焕发出青春的活力，比如陈梦昭等也拿起了他们的笔，以传统的诗词歌颂这个好时代和好年头。90年代初，秦家杰、袁宏、侯春明、崔荣德、舒洞博、郭伟等相继开始发表作品。90年代中期，杨犁民、杨柳、野海、何春花等"70后"作者亮相各级报刊。世纪之交，肖佩、李世成、王世清等也成为酉阳的文学新生代。新世纪以来，酉阳文学发展令人瞩目，一大批青年作者迅速成长。如在外打工的青年农民任明友、黄大荣在南方打工之余，把自己的经历写成文字，发表在南方的一些报刊上，成长为比较有名的"打工作家"。

在酉阳这片多情的土地上，有不少的文学作者在省级、国家级报刊发表作品。邹明星在《人民日报》海外版、《重庆日报》发表散文。冉仲景在《诗刊》《诗歌报》《星星》等报刊发表大量作品。姚明祥在《民族文学》《红岩》发表《神树》等数十篇小说。舒应福也在《四川文学》《红岩》发表小说。杨犁民在《人民文学》《诗刊》《民族文学》和美国的《新大陆》等发表作品。冉丽冰在《重庆晚报》《四川日报》《中国环境导报》等发表散文。袁宏在《民族文学》《诗刊》《诗歌月刊》等发表诗歌。刘天海在《诗神》《草地》等发表作品。王世清在《民族文学》发表诗歌。任明友在《特区文学》《花城》等发表小说。杨清海在《重庆日报》《民族文学》发表作品。舒洞博曾在《重庆日报》也发表了不少的作品。崔荣德在《星星》《诗歌月刊》《中国校园文学》等发表作品。杨柳在《民族文学》《红岩》等发表散文。倪金才在《星星》《诗歌月刊》等发表诗歌。郭大章在《红岩》《延安文学》《小说月刊》等发表作品。黄大荣在《中国民族报》《星星》等报刊发表作品。何春花在《民族文学》《红岩》等发表作品。倪月友在《红岩》《延河》等发表作品。呈见在《延河》《湖南文学》等发表作品。还有冉霞、李小云等在《中国校园文学》《红岩》等发表作品。

酉阳作家不仅著作颇丰，获奖亦颇多。冉仲景曾经获得重庆市第一届、第二届少数民族文学奖，第三届重庆市文学奖,薛林怀乡诗歌奖。舒应福曾获重庆市第一届少数民族文学奖。姚明祥曾获重庆市第一届、第九届少数民族文学奖。冉丽冰曾经获得《四川日报》"原上草"副刊优秀作品奖。杨犁民获少数民族文学创作骏马奖、重庆文学奖与重庆少数民族文学奖。郭大章曾获重庆少数民族文学奖、陕西青年文学奖、浩然文学奖等。农民诗人弗贝贝在《星星》《诗歌报》等发表作品,出版诗集《尉犁》,获得重庆第九届少数民族文学奖等。

  酉阳作家的作品也引起了评论家的关注。对冉仲景作品的评论文章见于《长江师范学院学报》《重庆日报》等报刊;对舒应福作品的评论文章见于《文艺报》《重庆文艺》等报刊;对冉丽冰作品的评论文章见于《重庆文学》《重庆文艺》等报刊;对姚明祥作品的评论文章见于《中国供水节水报》《作家视野》等报刊;杨犁民的作品已经受到《重庆日报》等不少报刊的评论;崔荣德作品被《文学报》《光明日报》等媒体推介。近年来,酉阳作家出版的文学著作有近100部,不少文学作品集引起评论界的关注。

  传统文化是一个民族的灵魂,同时也是一个民族作家的创作之源。传统文化是一个开放的体系,也是一个发展的体系。我们将以开放的心态、发展的眼光对待自己的传统文化资源。酉阳文学的创作应该根植于酉阳传统文化的沃土,这也正是酉阳文学创作突围的一种出路。

  酉阳是一个具有上千年历史的古州,一度引领武陵山区文化走向,成为武陵山区的经济文化中心,深厚的民族文化积淀成为酉阳文学创作的内在动力。土家族文化根脉——民风、民俗、民间故事以及世代先民战胜大自然的历史成为文学创作的因子。大山滋养的土家古歌、土家创世史诗成为这里早期的文学形式,悠久的历史文化为酉阳地区的文学创作提供了丰富的创作源泉。酉阳作家的作品中总是有一种民族力量的内推力,无论是生长在本土或离开本土的酉阳作家,他们的创作始终流露出地域的、民族的情怀。

瓦尔堡研究院美术史家弗朗西斯·耶茨研究

刘晓杰、杨贤宗
（王琦美术博物馆、华中师范大学）

【摘要】弗朗西斯·耶茨作为文艺复兴时期欧洲神秘主义学者的领军人物，其开启的泛欧洲和跨学科的史学研究方法，对于改变科学和哲学史学家对神秘主义的态度起到了积极作用。文章通过介绍耶茨的学术生涯及著作，旨在更全面地了解其在瓦尔堡研究院对文艺复兴历史研究所作的贡献。

【关键词】弗朗西斯·耶茨；文艺复兴；神秘主义学者；瓦尔堡史

弗朗西斯·阿米莉亚·耶茨（Frances Amelia Yates，1899—1981），英国国家学术院院士（FBA），是一位专注于文艺复兴研究的英国历史学家。她以其学术能力，曾在伦敦大学的瓦尔堡研究院执教多年，并撰写了多本关于深奥历史的书籍。

耶茨出生于英国朴次茅斯的一个中产阶级家庭，在伦敦大学学院获得法语学士和硕士学位之前，基本上是自学成才。她起初在学术期刊和学术书籍上发表的研究成果，主要关注16世纪约翰·弗洛里奥（John Florio）的戏剧和生活。[①]约翰·弗洛里奥以妙译蒙田（Montaigne）而闻名于世。对于他的同时代人来说，他是当时文学和社会圈内极具风头的人物之一。在1934年出版的书籍《约翰·弗洛里奥：莎士比亚时代英国的一位意大利人生平》（John Florio: The Life of an Italian in Shakespeare's England）中，耶茨通过重构弗洛里奥的生活和性格，揭示了他与莎士比亚之间联系的难解之谜。1941年，她受雇于瓦尔堡研究院，开始从事她所谓的"瓦尔堡史"的研究，强调泛欧洲和跨学科的史学研究方法。

1964年，她出版了《乔尔达诺·布鲁诺与赫尔墨斯主义传统》（Giordano Bruno and the Hermetic Tradition）。这本书是对布鲁诺的考察，后来被视为她最重要的著作。在这本书中，她强调了赫尔墨斯主义在布鲁诺著作中的作用，以及魔法和神秘主义在文艺复兴思想中的作用。她还广泛地论述了文艺复兴时期的神秘主义或新柏拉图主义哲学。她的主要著作有《乔尔达诺·布鲁诺与赫尔墨斯主义传统》（1964）、《记忆的艺术》（The Art of Memory，1966）和《玄术启蒙》（The Rosicrucian Enlighten-

---

[①] Frances Yates, John Florio: The Life of an Italian in Shakespeare's England, Cambridge University Press, 2011.

ment, 1972)。有学者评价"其所论并未消除与那些传统的隔阂,即便她让它们变得更容易理解"[1]。

一、耶茨的生平

(一)青少年时期:1899—1913年

弗朗西斯·耶茨于1899年11月28日出生于英国南部沿海城市朴次茅斯。[2]她是中产阶级夫妇詹姆斯·阿尔弗雷德(James Alfred)和汉娜·马尔帕斯·耶茨(Hannah Malpas Yates)的第四个孩子。詹姆斯是一名皇家海军炮手的儿子,十几岁时就在造船厂当海军学徒,一路晋升到高级职位,负责监管无畏战舰的建造。他自学识字,是个热心的读者,这让他的子女们接触到大量的书籍。詹姆斯是位虔诚的圣公会教徒,受牛津运动的影响,并同情天主教会。弗朗西斯于1900年2月在造船厂的圣安妮教堂受洗,但她从很小的时候便怀疑过基督宗教和圣经文字的准确性。

1902年,詹姆斯被调往查塔姆造船厂,之后又于1903年12月调往格拉斯哥,成为克莱德河上的造船主管。在那里,他们一家开始参加圣玛丽天主教堂的苏格兰新教圣公会。詹姆斯于1911年退休,但他仍继续向造船厂提供建议和专业知识。在接下来的几年里,他们一家经常搬家,从约克郡英格顿的一个农舍搬到兰德林多德韦尔斯、里彭、哈罗盖特,再到柴郡的奥克斯顿。每年夏天他们还会去法国度假。

在这期间,耶茨的教育是没有规划的。早年由她的姐姐们在家教她读书,后来姐姐们搬离家之后,就由她的母亲接管她的学习。在格拉斯哥时,她曾短暂就读于私立的劳雷尔班克学校(Laurel Bank School),而在离开这座城市后,她有两年没有上学。尽管缺乏正规教育,但她酷爱阅读,成为威廉·莎士比亚戏剧、浪漫主义者和拉斐尔前派诗人(尤其是但丁·加布里埃尔·罗塞蒂和约翰·济慈)诗歌的狂热爱好者。之后耶茨自己也开始写作,并于1913年3月在《格拉斯哥先驱报》(*Glasgow Weekly Herald*)上发表了一篇短篇小说。16岁时,她开始写日记,日记中她写道:"我哥哥写诗,我姐姐写小说,我的另一个妹妹画画,我必须也要做点什么了。我不太擅长绘画,也不擅长音乐,所以只剩下写作了。所以我要写作。"[3]

(二)早期职业生涯:1914—1938年

1914年,第一次世界大战爆发。耶茨的哥哥加入了英国军队,并在1915年的战斗中阵亡。因此,她坚称"战争破坏了我们的家庭……十几岁的时候,我住在废墟之中"。她决定接受大学的教育,希望可以学习历史,但没能通过牛津大学的入学考试。随后,他们一家搬到了萨里郡的克莱盖特,住进了一栋新建的房子里,耶茨一直住在那里直至去世。她的姐妹们都搬走后,留下弗朗西斯照顾年

---

[1] John Michael Krois, Ars Memoriae, Philosophy and Culture:Frances Yates and After, in Glenn Alexander Magee(editor), Philosophy and Culture:Essays in Honor of Donald Phillip Verene(2002).
[2] Marjorie G. Jones, *Frances Yates and the Hermetic Tradition*, Ibis Press, 2008, p.1.
[3] Marjorie G. Jones, *Frances Yates and the Hermetic Tradition*, Ibis Press, 2008, pp. 24-26.

迈的父母。她也经常乘火车去伦敦市中心,在那里她花了很多时间在大英博物馆的图书馆里阅读和研究。

1920年代初,她开始在伦敦大学学院攻读法语学士学位。作为一名校外生,她全身心地投入到学习中,不与其他学生交往。1924年5月,她获得一等荣誉学士学位,并于1925年发表了文章《莎士比亚时代在巴黎的英国演员》(English Actors in Paris during the Lifetime of Shakespeare)。该文章发表在首期《英国研究评论》(The Review of English Studies)上。随后她在伦敦大学攻读法语硕士学位,这次是作为一名校内生。她的论文《对16世纪法国社会戏剧的研究》(Contribution to the Study of the French Social Drama in the Sixteenth Century)虽然是法语专业论文,但具有很强的历史感,显示出耶茨对挑战前人的设想与解释的兴趣。1926年,在路易·布朗丹(Louis M. Brandin)和埃克尔斯(F.Y. Eccles)的指导下,她获得了硕士学位。1929—1934年,她在北伦敦学院学校(North London Collegiate School)教授法语,但她并不喜欢这门课,因为这门课使她几乎没有时间投入研究。

当她在伦敦公共档案馆翻阅时,在1585年的一份证明书中了解到约翰·弗洛里奥。出于对他的兴趣,她的第三篇学术论文致力于弗洛里奥的研究主题:《法国大使馆的约翰·弗洛里奥》(John Florio at the French Embassy)。这篇论文于1929年发表在《现代语言评论》(The Modern Language Review)上。接着她又写了一本弗洛里奥的传记——《约翰·弗洛里奥:莎士比亚时代英国的一位意大利人的生平》,剑桥大学出版社于1934年出版了这本书。出版社同意出版这本书的条件是要缩短篇幅,并且耶茨要支付100英镑出版费。这本书出版后获得了积极的评价,并为耶茨赢得了英国学术院的玛丽·克劳肖奖(Mary Crawshaw Prize)。耶茨之前曾自学意大利语,1935年夏天,她又参加了剑桥大学格顿学院(Girton College)为学者们举办的一场为期数周的意大利语课程的学习。在这里,她与两位文艺复兴学者奈斯卡·罗伯(Nesca Robb)和利内塔·迪·卡斯泰尔维奇奥(Linetta de Castelvecchio)结下了终生的友谊。耶茨的第二本书是《"爱的徒劳"研究》(A Study of Love's Labour's Lost),1936年由剑桥大学出版社出版。

在对弗洛里奥进行研究时,耶茨对他的一位同事乔尔达诺·布鲁诺产生了兴趣。她翻译了布鲁诺的《灰烬上的晚餐》(La Cena de le ceneri),并在导言中反驳了流行的观点——布鲁诺仅是哥白尼日心说的支持者;相反,她认为布鲁诺是在呼吁回归中世纪天主教。她把这本书交给剑桥大学出版社,出版社拒绝为其出版。后来她说道:"我所做的最糟糕的成果……它对文艺复兴思想和文艺复兴魔法根本一无所知。"① 在重新审视布鲁诺的思想时,耶茨受到了许多其他学者的影响,这些学者已开始认识到魔法和神秘主义在文艺复兴思想中的作用:法国科学史家皮埃尔·迪昂(Pierre Duhem)、美国史学家林恩·桑代克(Lynn Thorndike)和文艺复兴研究学者弗朗西斯·约翰逊(Francis Johnson)。耶茨的传记作者马乔丽·琼斯(Marjorie Jones)认为,这种解释一定程度上受到她本人宗教观的影响,这一观点受浪漫主义者和拉斐尔前派的影响,尊崇天主教仪式,而对新教改革持批评态度。

---

① Marjorie G. Jones, Frances Yates and the Hermetic Tradition, Ibis Press, pp. 57-58, 66-73.

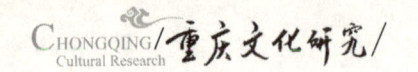

(三)加入瓦尔堡研究院:1939—1960年

耶茨的一个朋友,同样研究布鲁诺的学者、史学家多萝西·辛格(Dorothea Singer)在康沃尔的帕尔的一个周末家庭聚会上,向她介绍了瓦尔堡研究院副院长埃德加·温德。在温德的邀请下,耶茨在1939年《瓦尔堡研究院院刊》第二期上发表论文《乔尔达诺·布鲁诺与牛津的冲突》(Giordano Bruno's Conflict with Oxford),之后又于第三期上发表了《乔尔达诺·布鲁诺的宗教方针》(The Religious Policy of Giordano Bruno)。在这些文章中,她还未将布鲁诺与赫尔墨斯主义联系起来。1941年,瓦尔堡研究院院长弗里茨·萨克斯尔(Fritz Saxl)向耶茨提供了一份在研究院的工作,当时研究院位于南肯辛顿。她接受了这一职位,主要从事编辑院刊的工作,同时也让她有更多时间继续她的独立研究。这时,英国已加入了反对纳粹德国的第二次世界大战,耶茨也参与了战争,接受了红十字会的急救训练,并志愿成为一名救护人员。1941年,她的父亲在一次空袭中丧生,但死因尚不清楚。耶茨本人继续与抑郁作斗争,情绪低落。

1943年,耶茨被授予英国大学妇女联合会玛丽安·赖利奖。她还在联邦国际关系委员会发表了演讲。她说道:"如果德国人赢得了这场战争,历史将如何书写?"在瓦尔堡,她的学术圈包括安东尼·布伦特(Anthony Blunt)、玛格丽特·温尼(Margaret Whinney)、弗朗茨·博厄斯(Franz Boaz)、恩施特·贡布里希、格特鲁德·宾、查尔斯·多萝西·辛格、沃克(D.P.Walker)、弗里茨·萨克斯尔、尤金妮娅·德罗茨(Eugénie Droz)和罗伊·斯特朗(Roy Strong)。与此同时,她还与简·范·多斯滕(Jan van Dorsten)和罗斯蒙德·图夫(Rosemond Tuve)这两位学者建立了终生友谊。在英国取得战争胜利后,耶茨和其他一些瓦尔堡学者强调泛欧史学的必要性,以反对导致世界大战的民族主义。她认为这种方法必须是国际性和跨学科的。她将这种新方法称为"瓦尔堡史",将其定义为"文化史整体——思想史、科学史、艺术史,包括意象史和象征主义史"。与此相关,她认为学校教育应该关注泛欧史,而不仅仅是英国史。

1947年,瓦尔堡研究院出版了耶茨的第三本书:《16世纪的法国学院》(The French Academies of the Sixteenth Century)。她将其称为"一项旨在将瓦尔堡的工作方式,利用艺术、音乐哲学和宗教"。第二年,她开始考虑写一本关于布鲁诺的书,并于1951年9月在意大利度过了一段时间,参观了一些与布鲁诺生活有关的地方。1948年,耶茨的两个姐妹都搬回了位于克莱盖特的家中,然而汉娜却在1951年3月病逝,耶茨的母亲也于1952年10月去世。尽管她的个人生活有诸多困难,但她一直坚持学术研究,通常每年发表两到三篇学术论文。她还在英国各大学讲授她的研究课题。1950年代,她的研究课题之一"帝国的前景"(espérance impériale)结集出版为《阿斯特莱亚:16世纪的帝国主题》(Astraea: The Imperial Theme in the Sixteenth Century, 1975)。

1954年,格特鲁德·宾成为瓦尔堡研究院的院长,负责监督研究院从南肯辛顿搬到布卢姆斯伯里郡沃本广场一座特别建造的大楼。宾是耶茨的密友,他们经常一起去度假。耶茨的第四本书《瓦卢瓦挂毯》(Valois Tapestries)于1959年出版。她在这本书中讨论了意大利佛罗伦萨乌菲齐博物馆的同名挂毯。她为这些挂毯提供了一种新颖的解释,像"侦探故事"一样层层展开,并认为它们是法国皇室的肖像。

(四)获得国际赞誉:1961—1981年

耶茨的学术生产力在19世纪六七十年代有所提高,当时她还成为《纽约书评》(*The New York Review of Books*)的定期书评人。1961年,耶茨撰写的《乔尔达诺·布鲁诺与赫尔墨斯主义传统》出版,被广泛认为是她的代表作。她在日记中写道:"把赫尔墨斯主义视为布鲁诺的线索,并整体看待与他相关的文艺复兴时期魔法。"①她的朋友沃克鼓励她采纳这一观点。该书于1964年由剑桥大学出版社出版。这部著作为她带来了国际学术声誉,之后她于1965年在美国开始巡回演讲。她的《记忆的艺术》(*Art of Memory*)于1966年出版。1967年,她当选英国学术院院士。②1969年,她出版了《世界剧场》(*Theatre of the World*)。她的《玄术启蒙》由劳特利奇出版社于1972年出版,研究了玫瑰十字文件对16世纪欧洲的影响。

1971年,耶茨被安格斯·威尔逊(Angus Wilson)在东安格利亚大学获得博士学位,并在1972年新年授勋典礼上被授予英帝国士官勋章,以表彰她对艺术史的贡献。1973年10月,她获得了沃尔夫森奖(Wolfson Award),得到了5000英镑的奖励。1974年1月,她在伦敦大学学院举办了四次诺思克利夫讲座(Northcliffe lectures)。这些作品随后在1975年由劳特利奇出版社出版,名为《莎士比亚的最后一部戏剧:一种新的方法》(*Shakespeare's Last Plays: A New Approach*)。1975年,她被选为美国艺术与科学学院的外籍荣誉院士。同年出版了《阿斯特莱亚:16世纪的帝国主题》。这本书汇集了她在1950年代发表的演讲成果。1976年2月,马萨诸塞州北安普敦的史密斯学院(Smith College)授予耶茨肯尼迪教授的职位,但她拒绝了。

1977年,耶茨在女王生日宴会上被晋升为大英帝国二等女爵士,以表彰她对文艺复兴研究的贡献。1978年,比萨大学授予她普雷米奥·伽利略奖(Premio Galilio Galilie),以表彰她对意大利史研究的贡献。1979年3月,英国学术院给予她2000英镑的补助金,以便她可以继续研究。

1974年,加州大学洛杉矶分校克拉克图书馆举行了一次学术会议,讨论了所谓的"耶茨主题"。在她生命的最后十年里,她的批评者越来越多,批评的言论也越来越直言不讳。不过,她得到了历史学家休·特雷弗-罗珀(Hugh Trevor-Roper)的支持。1979年,耶茨出版了《伊丽莎白时代的神秘哲学》(*The Occult Philosophy in the Elizabethan Age*),探讨了文艺复兴时期基督教秘法(Christian Cabala)的地位及其对基督教新柏拉图主义的影响。事实证明,这本书没有她在20世纪60年代出版的书那么成功。1970年代初,她开始写自传,这是受到福斯特(E.M. Forster)为高尔斯华绥·洛斯·狄金森(Goldsworthy Lowes Dickinson)立传的启发。这本自传在她去世时还没有完成,不过有些部分在她去世后得以出版。1979年3月,耶茨将妹妹鲁比送到了疗养院,然后开始了美国的巡回演讲。鲁比于1980年5月去世,留下耶茨作为她直系亲属的最后幸存者。1981年夏天,在参加了一次巡回演讲之

---

① Marjorie G. Jones, Frances Yates and the Hermetic Tradition, Ibis Press, p.120.
② "Yates, Dame Frances Amelia", Who Was Who, Oxford University Press, 2014.

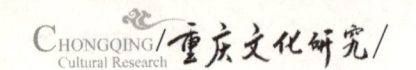

后,耶茨开始相信以英语为母语的学术研究忽略了中部欧洲。她的最后一场演讲在曼彻斯特大教堂举行,主题是占星术士约翰·迪(John Dee),耶茨对他的研究兴趣日益增长。不久之后,她在家中摔倒,因股骨骨折住院治疗。她康复后回到家中,在睡梦中死去。其遗体在英国圣公会的追悼会上火化。

二、耶茨的学术著作

在《乔尔达诺·布鲁诺与赫尔墨斯主义传统》一书中,耶茨强调了文艺复兴文化中的赫尔墨斯主义,并谈到了她对中世纪幸存下来的古典晚期神秘主义、魔法和诺斯底主义(Gnosticism)的兴趣。耶茨认为,1600年天主教传教士乔尔达诺被处死的原因是他信奉赫尔墨斯传统,而不是肯定宇宙的非中心论。她的著作引起了人们对魔法在早期现代科学和哲学中的作用的关注。凯思·托马斯(Keith Thomas)等学者将这一主题纳入了历史编纂的主流。托马斯引用耶茨和拉坦西(Piyo Rattansi)的观点,说明了赫尔墨斯思想在被推翻之前是如何进入现代科学基础的。[1]

"对米歇尔·福柯(Michel Foucault)和弗朗西斯·耶茨的开创性研究,即使在各个方面都没有充分的说服力,也使得历史学家不可能再忽视各种形式的魔法思维和实践在文艺复兴时期对自然世界的理解中的作用。"[2]

耶茨的传记作家马乔丽·琼斯通过说明神秘主义和魔法在文艺复兴文化和科学革命中的作用,声称《乔尔达诺·布鲁诺与赫尔墨斯主义传统》激发了文艺复兴时期的史学。她进一步断言,这本书把耶茨带到了文艺复兴研究的前沿。

宗教史学家亨里克·博格丹(Henrik Bogdan)断言,耶茨的著作"有助于改变科学和哲学史学家对神秘主义的态度"[3]。尽管她的一些结论后来受到其他学者的质疑[4],但耶茨仍是文艺复兴时期欧洲主要的神秘主义学者之一。她的著作《记忆的艺术》被评为20世纪最重要的非小说类书籍之一。马乔丽·琼斯所著的《弗朗西斯·耶茨与赫尔墨斯主义传统》是耶茨的第一部传记,2008年由宜比斯出版社出版。

---

[1] Keith Thomas, Religion and the Decline of Magic, 1971, p.268.
[2] Anthony Grafton and Nancy Siraisi (ed.), Introduction, p.3, Natural Particulars, 1999.
[3] Bogdan, Henrik. Western Esotericism and Rituals of Initiation. New York: SUNY Press, 2007, p.8.
[4] 如 Lisa Jardine and Jerry Brotton, Global Interests: Renaissance Art Between East And West, Reaktion Books, 2005, p.240:"我们对瓦卢瓦挂毯的分析让我们把耶茨的论点推翻了:挂毯实际上与新教徒,特别是胡格诺派的思想背道而驰。"

川江号子在中国水系音乐文化中的当代表达

邹俊星

（重庆市文化和旅游研究院）

【摘要】川江号子是中国是水文化的一面镜子，透视出中华民族顽强不屈的人文精神和情感世界。本文通过对川江号子产生的地理环境、历史渊源、功能分类等方面的分析，探究川江号子的文化意蕴和当代表达。

【关键词】音乐文化；川江号子；本体研究；当代发展

一、概述

水，最早见于商代甲骨文，其本义是河流，引申泛指一切水域。中国的文化典籍、史实文献，都蕴涵着丰富的"水文化"的内容。比如，《山海经》所载的"女娲补天""精卫填海""大禹治水"的故事。古代帝王爱水，文人雅士也爱水，水中有"天人合一"，也有"人定胜天"。水不仅影响了中国文化的产生，在文化进程中演绎出丰富多彩的面貌，而且，随着历史的演进、人类文明的发展，已成为中国文化所阐释的一个重要对象和主体，并生发出一种特异的艺术光彩。

滚滚而来的长江从青藏高原发源，流经四川（含重庆）和长江中下游地区而入东海。从广义的角度讲，原四川（重庆市成为直辖市之前）境内的长江河段都被称为"川江"，从狭义的角度讲，"川江"则主要是指重庆至湖北宜昌的长江河段。"蜀道之难，难于上青天"，自古以来川江就是巴渝地区的人民借助于舟楫出境的重要通道，在历代史籍中多有记载。近年来，在沿江两岸考古发掘中出土的新石器时期的"石锚"、东汉时期的"拉纤俑"等文物也印证了川江水路运输行业的久远历史。在木船时代，船航行面临逆江而上或者船过险滩的时候，其动力完全来自于船工的体力和纤夫们的拉力。这种"面朝江水背朝天"的枯燥、简单的劳作方式，促进了劳动号子的产生。在川江流域，两岸民众和船工在长期的生活和生产实践中创造了"川江号子"这一重要的中华民族传统音乐文化。川江号子是一种杰出的水系音乐文化，是长江水路运输史上的文化瑰宝，是船工们与险滩恶水搏斗时用热血和汗水凝铸而成的生命之歌。

川江号子是生活与心灵交织的歌，船工们把自己在生活中所感受到的一切喜怒与哀乐都融入进去,从而使之成为充满激情与活力的生命的赞歌。它承载了千百年来川江人民的爱恨情仇。川江号子水系音乐文化如一个庞大的数据库,点击里面的一个个页面,我们可以清晰地看到母亲河流域古往今来人们的生产和生活场景,以及由此产生的音乐文化和音乐行为。

二、川江号子的所在长江水域地理环境

川江,指历史上四川境内的长江主干河段(主要指四川宜宾至湖北宜昌河段)和长江支流形成的整个长江水系。四川宜宾至湖北宜昌的长江干流约1000公里,重庆至宜昌约700公里。重庆成为直辖市后,原四川境内的长江主干河段及其整个水系,绝大部分都在重庆辖区内。

重庆市域内江河纵横,水网密布,除长江及其主要支流嘉陵江、乌江外,尚有流域面积在3000平方千米以上的河流10条,流域面积30平方千米至50平方千米以上的河流436条。主要河流有长江、嘉陵江、涪江、渠江、綦江、琼江、御临河、龙溪河、赖溪河、小安溪、乌江、芙蓉江、龙河、郁江、唐岩河、大溪河、小江、磨刀溪、大宁河、任河等。境内河流除任河水是注入汉水以外,其余均属长江水系。多数河流源远流长,径流量大,水力资源丰富,但年内分配不均,且河水含沙量高,河道的峡谷、险滩多,航运条件不如长江中下游河流好。

三、川江号子历史渊源

川江号子是人们过去对四川境内长江水系的船工们驾船劳作时所唱的歌谣的称谓。重庆地处长江上游的三峡腹地。嘉陵江、沱江、涪江、乌江、大宁河等支流注入长江,构成了历史上四川境内的主要长江水系。这里航道弯曲狭窄,明礁暗石林立,急流险滩无数。流经四川进入重庆境内的长江干流斜贯重庆全市,总长约700千米,有嘉陵江(境内长约150千米)、乌江(境内长约235千米)、大宁河等主要支流。长江干流水流湍急,变化多端,江道切岭成峡,穿谷成沱,十分雄险。据清代陈登龙所著的《蜀水考》记载,从重庆朝天门至万县小江口,就有8道峡、239个滩。过去,来往川江担任客货运输的木船的唯一动力是推桡拉纤的船工。他们少则十几人,一般几十人,多则上百人。这些木船破浪行水,穿峡过滩,既要舵手把稳航向,也要划桡拉纤的船工们心齐劲足,步调一致,把船"驾活"。靠什么来统一节奏,凝聚船工们的集体力量?靠吼唱"号子"。川江号子就应运而生。

川江号子源远流长。它随着船运业的兴起而诞生,随着船运业的发展而发展。

据《后汉书·南蛮西南夷列传》记载,上古时期,在湖北武落钟离山清江流域,居住着巴、樊、瞫、相、郑五姓部落。他们为推"君长",约掷剑石穴,中者为君。巴部落首领务相独中,"又令各乘土船,约能浮者,当以为君。余姓悉沉,唯务相独浮。因共立之,是为廪君"。这说明巴人的祖先靠他们特制的陶质土船,赢得了部落联盟首领的地位。在那以后,又以这种土船为运输工具向西迁徙,进入到三峡腹地的长江流域。无论是早期的枳(涪陵)、平都(丰都),中期的江州(重庆),或者是后期的垫江

（合川）、阆中等都邑，都濒临江边，与江水和舟船结下了不解之缘。这时作为运输工具的舟船，已经由陶质进化成木质，1954年在重庆冬笋坝发掘的21座巴人楠木船棺墓葬群便是明证。驾驭着这些船只在江中行驶的船工们的声声号子也就响彻大江上空。

公元前316年，秦国灭巴国后，顺江东下伐楚国，据称当时巴人已能制造"一舫载五十人与三月之粮"的大木船。公元前280年，秦国大将司马错从江州（今重庆市）率水师主力出征楚国，其军队号称有"巴蜀众十万，大船舶万艘"。

据《华阳国志》记载，东汉永兴元年（153年），江州"结舫水居五百余家"。蜀汉建兴四年（226年），都护李严驻防江州并新筑江州大城，在城内嘉陵江岸修建大片粮仓，囤积粮食，由水运转输军用，粮仓所在地名为千厮门，一直沿用至今。隋开皇九年（589年）灭陈，大将杨素领兵沿江东下，在渝州（今重庆市）建有容兵800人的"五牙楼船"和容兵500人的"黄龙"船，组成运兵船队。

唐代的渝州港已成为"万斛船"的集运港，港区内的梁沱、唐家沱、郭家沱等水域是停泊"万斛船"的优良港池。到宋代，渝州港又被评价为"控两江之会，漕三川之粟，诚为便利"。元代，重庆建有以朝天门为枢纽的水陆驿站网。明初，朝廷对四川的航道、栈道进行整治，水、陆驿站大增，重庆港成为连接川西、川南、川北、川东等州府的70个水驿的四川水运网的中心。

及至清代乾隆年间修纂的《巴县志》卷十《物产》在述及重庆水运时称："三江总会，水陆冲衢，商贾云屯，百物萃聚……运自【至】滇黔秦楚吴越闽豫两粤之间，水牵云转，万里贸迁。"川江航运发展到又一个高峰。川江号子也就随着川江航运事业的发展而经历了漫长的历程。

四、川江号子的号子分类和艺术特征

长江干流和支流河道不同，船型各异，运行各别，因此形成了大河号子和小河号子的类别。同一河系的不同河段，具有不同的水性，行船有紧张与平缓之别，因而川江号子又分为冲刺激越型号子和平衡舒缓型号子。还因船行的方向不同，又分为上水号子与下水号子。这些不同类别的号子中，还包括若干小类。比如上水号子就包括撑篙号子、扳桡号子、竖桅号子、起帆号子、拉纤号子等，拉纤号子又包括出纤号子、平水号子、上滩号子、近滩号子、外倒号子、鸡啄米号子和收纤号子等；下水号子包括拖杠号子、开船号子、扳桡号子、平水号子、二流橹号子、快二流橹号子、幺二三交接号子、见滩号子、冲滩号子、下滩号子等。这些号子还因河道和船工的不同，内容和形式呈现不同差异。现年88岁的老船工陈帮贵就能领唱20多种曲牌唱腔，近200首的川江号子。因此可以说，川江号子的曲目数以千计。

在水流湍急的地方，大家咬着牙，劲往一处使，动作整齐歌唱激烈，内容单调，重复多，曲调的周期性突出，结构严谨方正。具有代表性的呼喊是"嘿咗，嘿咗……；咳哟着·|·//·|·……；哟耐呵|·//·|·……"。

川江号子的另一种表现形式，就是当行船冲过急流险滩，在劳动动作的急迫性、情绪的紧张性相对减弱的时候，曲调的周期性、单调性发生了变化，伴随着船工们愉快的心情，川江号子所唱内容既

有民间传说,又有戏文故事;既有两岸物景,还有生活琐事;也可触景起兴,见啥唱啥。在发展中还吸收了川剧竹琴、扬琴、金钱板等地方音乐艺术的音调,是历史上人类为生存而流传下来的生命赞歌。

在许多情况下,歌唱的内容甚至与劳动行为完全无关,纯属某种情绪的表现。例如,川江船工号子有这样一段唱词内容:

正月里来还把龙灯(罗挂呀),

二月里来才把风灯(罗)扎。

四月里来秧子满(罗)田搭,

五月里来龙船下河坝(也)。

七月里来皂角黄泥巴,

八月里来看月华(哟)。

还有不少是演唱具有故事情节的地方戏曲中的故事内容。如《十八扯》《八郎回营》《十八载才见夫》《桂姐修书》《魁星楼》《营门斩子》等,都是具有代表性的曲目。

川江上的船工们,在长时间的驾船实践中,创造了品类众多、调门丰富的号子,形成了鲜明的艺术特征。概括起来,主要有:

(一)历史积淀的悠久性

川江号子的产生和发展,必须具备三大要素,即江河、船工和以人工为动力的舟船。巴民族的祖先多聚居江边,与江河结下不解之缘,很早就靠舟船生产生活。早在部落联盟时代,巴人首领务相就凭当时技术先进的陶制土质舟船,赢得了部落联盟首领"廪君"的地位。那时,就有了驾船劳作时吼唱的号子。后来入主江州之后,发展为木制舟船,船运业得以兴旺,川江号子也有了大的发展,一直绵延至今,经历了四五千年。

(二)品类曲目的丰富性

在长期的传承、发展中,船工们吼唱的号子也日益丰富。重庆境内的水系复杂,要在如此复杂的水系中安全行船,船工们就要根据不同水系吼唱不同的号子。如前所述,川江号子有大河号子与小河号子之分,紧张型号子与平缓型号子之别,最突出的是上水号子与下水号子的不同。这些不同类型的号子中,又包括若干小的类别,因而形成了数十种不同类别的川江号子。船工们吼唱的号子曲目,则数以千计。仅号子头陈帮贵一人就可领唱200多首川江号子,号子的数量之多由此可见一斑。

(三)歌词曲调的独特性

重庆河段,滩多水急,尤其是大三峡处,更是峡窄水涌,险滩叠叠。在这种河道里行船,常常都有葬身鱼腹之险。所以,船工们唱出了"川江水,滚滚来,船工拉滩又闯滩。拖儿匠(挖煤、运煤工人)埋了没有死,船拉二死了没有埋"的悲壮歌声。川江号子是船工们在与险滩恶水搏斗中用汗水和生命凝聚而成的生命之歌。它与那些平坦舒缓的水系音乐迥然不同,无论是歌词与曲调都呈现出独特性,在世界江河流域音乐体系中独树一帜。

(四)一唱众和的徒歌性

吼唱多种多样的船工号子,需要一个领唱的"号子头"。号子头不仅要有响亮的声音、丰富的阅历、机灵的应变能力,还要识水性,知滩情。在什么地方需要吼唱什么号子,看见多变的水情即兴吼唱相应号子,以恰当地调动船工的情绪和劲力,才能安全过滩穿峡,否则就有船破人亡的危险。所以,过去有"一声号子吼,便把船来行。全船生与死,都系一人身"的俗语。如此长期的实践,形成了川江号子演唱形式上一唱众和的徒歌性特点。

(五)民族特色的鲜明性

古代巴国曾经拥有"东至鱼复(今奉节),西至僰道(今宜宾),北接汉中(今陕南),南极黔(即黔中郡,辖今湖北西部及湖南、重庆、贵州邻近地区)涪(今涪陵)"(《华阳国志·巴志》)的广大幅员,现今重庆的辖地几乎均在古代巴国疆域内,古代巴民族所创造的水文化被世代传承下来,使川江号子具备了浓郁的巴民族特色。

五、川江号子在水系文化中的当代表达

历史悠久、内容丰富、形式多样、特色鲜明的川江号子,是巴渝文化的重要组成部分,蕴藏着深厚的水文化内涵。

古代巴民族及其后裔创造的具有鲜明地域特色和民族特色的巴渝文化,与长江下游的吴越文化、中游的荆楚文化共同构成了古代长江文化体系。以川江号子为重要内容的长江上游水文化,在长江水文化体系中占突出的地位。川江号子的历史就是巴渝内河航运的历史,川江号子的水文化蕴含着巴民族的若干印迹,具有丰厚的历史、文化价值。它是巴渝地区优秀的民族民间传统音乐文化。保护、传承、弘扬这种优秀传统音乐文化,就能更好地保持巴渝音乐文化的独特性和多样性,对发展巴渝音乐文化具有积极的推动作用。

20世纪50年代,川江号子一经搬上舞台,就轰动了整个中国歌坛。60年代初,四川省歌舞团、战旗文工团和重庆市歌舞团等单位,又派音乐作曲家和歌唱家深入川江,访问老船工,采录一批川江号子,再次将它搬上社会主义文艺舞台,又一次获得了音乐界人士和广大观众的好评。

60年代,四川省歌舞团赴西欧演出,歌唱家范裕伦将川江号子带入世界音乐殿堂,来自专家和观众的好评如潮,在世界青年联欢会上荣获金奖。

1987年7月,在法国阿维尼翁艺术节组织的"世界大河歌会"上,重庆市老船工陈帮贵等3人演唱的川江号子,震惊了世界音坛,被法国《世界报》赞为"献演阿维尼翁江河音乐专栏中最为出众的部分",媒体称赞它可以与世界著名歌曲《伏尔加河船夫曲》媲美。

1993年,重庆作曲家张永安运用川江号子等音乐元素创作的大型二胡协奏曲《川江魂》,就是描写川江船工拉纤行船、战胜激流险滩的器乐作品。它不仅折射出了独特的巴渝音乐风情,而且展示了民族积极向上勇于拼搏的精神气质。该作品由中央民族乐团、中央广播文工团民乐团联合组成的百人乐团演奏,由台湾某音乐公司录制出版,在海外也产生了一定的影响。

张艺谋、王潮歌和樊跃打造的"印象系列"早已是一块金字招牌,2012年,作为印象系列的第七部作品,《印象武隆》在重庆武隆桃源大峡谷正式公映,耗时6年打造的实景演出终于揭开了神秘的面纱,现场2300多个座位座无虚席。

这是全国唯一一个大型高山峡谷实景创意演出,也是西部地区第一场展示喀斯特山水和巴渝文化的融合的大型实景演出。在近70分钟的表演里,川江号子、哭嫁这些即将消失的民俗文化与抬轿子、麻辣火锅等现代人都熟悉的元素融为一体,在高山峡谷之间,在灯光幻彩之间,演绎时空交错的奇幻魅力。贯穿《印象武隆》的,是快要消失的川江号子。当"嘿咗嘿咗"的喊声在峡谷里响起的时候,回声响彻山谷,也喊出重庆人不惧艰险、坚忍不拔的精神。该剧一直演出至今,市场运转良好,成为旅游和艺术结合下的文化自觉的典范。

随着时代的发展,人类进入智能时代。曹光裕作为川江号子国家级传承人,还在为川江号子的创新而探索,川江号子不能在劳动中发展,那就要在艺术的路上光大。曹光裕发现川江号子有一种"魂",这种魂是由劳动的本质和哲学构成的,是老祖宗留下的精髓,只要这个"魂"还在,川江号子就不会消亡,一定能传承发展下去。他说:"老的唱段,或许会过时,但川江号子蕴含的不折不挠的精神,是永远的。我们要把它传承下去。"工作之余,他带着录音机,坐着汽车,跑到乌江、龚滩等地寻找老船工,听不同的号子,收集了大量的素材。他集川江号子各派风格之所长,能熟练演唱26种川江号子的曲牌和与之对应的号子歌,决心把川江号子传承下去,并有所创新。

2005年亚太城市市长峰会在重庆召开,曹光裕受邀在人民大礼堂献唱。2006年,川江号子成为重庆市首批国家级非物质文化遗产项目,越来越多的人开始关注川江号子。川江号子告别码头,开始频繁登上舞台。曹光裕带着这帮船工兄弟,把川江号子唱到了天安门、唱到了世博会,还上了央视的《我要上春晚》;将有点"土"的川江号子唱到第八届勃拉姆斯国际合唱比赛中,在德国历史文化名城——韦尼格罗德的音乐大厅脱颖而出,赢得了7位国际级评审的一致好评和现场观众的满堂喝彩,荣获金奖和最佳民族特色单项奖。作为非遗传承人,曹光裕在探索一条新路,给川江号子注入新的能量。他的儿子曹羽是四川音乐学院毕业的研究生,正在外打拼。他用激将法把儿子劝回家,为川江号子创新"找路子"。父子俩经过商量,决定将传统文化与时代发展相结合,让老传统以大众喜闻乐见的形式重焕光彩,将川江号子交响化,使震撼力叠加。经过半年的努力,父子俩打造出场景剧《川江号子》,来讲述川江号子的故事。2018年9月,在重庆的两江游轮上,场景剧《川江号子》展演,由"朝天门起航""歌梢又打望""纤痕落魂腔""生死鬼门关""大江传歌"5个篇章构成,30分钟的演出,受到观众热烈的欢迎,4个月共计演出300场。

自疫情以来，川江号子的演出形态还在继续探索的进程中，曹光裕和他的团队又在尝试和一些演出策划人做一些小剧场沉浸式的演出。"非遗·剧次元"这个以非遗为内核的演艺空间，作为一种正式品牌的形式，为后疫情时代舞台艺术的发展做出了实验性的探索。舞台艺术探索新维度，从传统大型剧院至"快闪"街道、商场、公园、机场大厅等全开放场所；舞台视听从传统影视媒体到大数据"抖音""直播"等零距离的屏幕凝视；舞台观众从千人正襟危坐到数十人共情升华。通过更多次元的升华，与国家倡导的小而精、美而雅的理念相结合，演绎出新形态，努力探索新的契合。

川江号子这一音乐形式，积淀着丰富的地域音乐内容，闪耀着民族音乐文化的光华。抢救、保护川江号子，不仅可以丰富巴渝水系音乐文化，而且对丰富中国水系音乐文化乃至世界水系音乐文化，也会产生积极的促进作用。因此，它的杰出的历史文化价值不可低估，智者们还在持续进行创造性转化、创新性发展，我们期待川江号子每一次的华丽转身。

民国海关档案中的万县"神兵"事件①

林豪
（重庆工商大学派斯学院）

【摘要】1921年初，在万县（今重庆市万州区）发生了一起民变。发起民变的这支组织号称"神兵"，因军阀混战，民不聊生，不堪忍受繁重的苛捐杂税，才奋起反抗，攻打县城，后被当地驻军镇压。民国《万县志》将这一事件记载为"神兵扑城始末"。民国万县海关档案中对此也有记载，且有更为丰富的史料可以挖掘。档案表明，"神兵"在遭到镇压后，并未完全消失，而是溃散在川东及川鄂交界处继续活跃，部分沦为土匪，部分被军阀收编，部分投奔川鄂红军，成为革命的有生力量。"神兵"运动不仅反军阀，抗捐税，同时反"洋人"及海关抽税，具有明显的反帝性质，是中国民主革命的组成部分。

【关键词】海关档案；万县"神兵"；神秘性；红军；反帝性质

"神兵"是民国时期川鄂及大西南一带农民斗争或农民暴动的一种组织。他们设坛聚众，假神道以自卫，号称"神兵"，以反抗军阀、反抗苛捐杂税为目的。较为著名的有1920年9月咸丰"神兵总理"王锡九、1920年12月利川"神坛主理"冉裕昆、1921年初川鄂"谋道神兵"袁书绅等人组织的"神兵"运动。遭到镇压后，有的散亡潜藏，有的占山沦为土匪，有的则参加红军或被红军收编而成为中国革命的有生力量。"神兵"运动是中共党史和地方史研究的重要内容。本文所说的万县"神兵"事件，是民国十年（1921年）初，在万县发生的"神兵"攻城事件。为首的是袁书绅、向延稚等人，"以神道集众"，率领五六千人，号称"神兵"，疯狂地攻打万县城，后被当地驻军镇压。这是民国历史上有较大影响的事件。

民国《万县志》大事记中将这一事件记载为"神兵扑城始末"：

十年正月二十六日，利川神兵匪首袁书绅、向延稚等，率众五六千人进攻治城，驻万四川陆军第六混成旅旅长邱华玉击溃之。

神兵本施、利间土农，自称"神兵"，斥曰"神匪"，其实盖民变云。施、利之交，界在川、鄂，民国以来兵祸最剧，民不堪其苦。九年夏，土人袁书绅、向延稚等因以神道集众，抗拒官府，不肯纳税。官府益逼之，派兵往剿，其众益怒。遽破官军，遂入踞利川县城。旋复为官军所破，退保黑洞。黑洞为匪老巢，形势甚便，匪婴险负隅，势复振。冬，遂率众向我市郭里九甲、十甲进扰。驻万旅长邱华玉易之

---

① 该文为国家社科基金重点项目《民国万县海关档案整理与研究》（21AZS005）前期成果。

弗备。十年正月，匪益进，且近窥治城。华玉始命团长魏楷率兵赴走马岭、新开田、五间桥等处防堵。二十六日，匪忽以全力冲破楷阵，分两路袭逼县城，一股由新开田出白水溪顺流而下，一股由五间桥出陈家坝渡江，众各二三千人。楷既被破，沿江戍卒且少，遂莫能御。及至县，华玉缩城自保，匪遂布满南津街及西山一带。次日，以一部百余人攻南门，不利。二十八日，华玉已调梁山、云阳驻军援至，合所部驻万各营，约兵五营，午前十时，命团长钟和光率之进剿。匪不能支，仍率众向南岸溃退。华玉又不即追，浸以延殖。洎华玉代去，兼下东安抚使刘佛澄领其旅后，历春徂夏，始荡平之。而南乡各地，几无土不被兵匪之祸。是役，凡匪之死于县者，千有余人，丛葬之鸡公岭倒碑黄葛树下，今犹谓之神兵坟云。①

后来的一些地方史对该事件的记载基本沿袭民国县志，似乎没有发掘出更多史料。不过，在民国万县海关档案中保存有"神兵"事件的一些资料，可以提供事件的诸多细节，了解到更为详细的情况，甚至可以从"外国人"的眼中来解读中国人的"神兵"事件。

一、关于"神兵"的神秘性

万县"神兵扑城"是以神秘事件来引发轰动，然后号召民众，围攻县城。神秘事件是一个女孩的梦境暗示。

在万县分关副税务司于1921年3月写给重庆海关总署的季度报告中叙述了通过少女说梦鼓动当地民众及信徒起事的神秘过程：

关于事件的起源最广为人知（The best known）和最令人信服的是，一个少女（a young girl）在梦中受到上帝（God）的激励，鼓舞人们反对军队，并反对由军方征收的重税（heavy taxes）。她在寺庙里（in the temple）将自己的梦境诉说给一些信徒。不久，一些道教徒（taoist pirests）和当地的信徒参加到了这场运动当中，包括邻村的农民也参与其中。许多人也被迫加入到这场运动当中，人数最终在两千到三千人之间。所有加入的人都必须喝一种能够激发勇气和庇护身体免受伤害的液体。他们的武器只有长矛、竹子，高举着"不要忘普同，天下图太平"的小旗子。

（档案编号 J054-001-0289-002-004）

---

① 见熊特生纂民国二十五年《万县志》卷二十三"大事"，有改动。

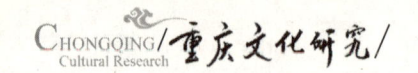

外国人所说的上帝显然是中国人心目中的老天或老天爷，代表天意。神附身于少女，在寺庙来说梦，这个寺庙就是海关档案中记载的张爷庙(Chang Yeh Miao)，是当地百姓敬畏神灵的地方。少女不惯人情世故，她说出的话就是真言，天神附身来说神的旨意，就具有神的号召力。激发勇气庇护身体的液体，就是民间的符水，不仅驱邪避鬼，而且可以让人刀枪不入，具有神力——可以看到"巴师勇锐，歌舞以凌殷人"的影子，甚至变脸吐火，神力无边。其实，这就是冷兵器时代巴人给自己壮胆的原始巫教遗风。

喝了这样的符水后，确实能得到刀枪不入的心理暗示。这在攻打万县县城的时候得到验证。万县分关副税务司在1921年3月7日给重庆海关总署的汇报中描述：

神兵(Shen Ping)只是大批的狂热者，仅有长矛和刀子做武器，举着题有"不要忘普同，天下图太平"的小横幅，谣传说他们认为步枪子弹伤不了他们……这些神兵原是过着平静生活的普通农民，所以我认为他们这次起义的主要原因是军方过度征税。这次起义的领导人是一个姓袁的信徒，他是新开田(Xin Kai Tian)附近的一个叫赶场坝(Kan Chang Pa)的信徒头目……这些无辜的农民被他们领导人传授的教条洗脑，认为步枪子弹伤不了他们，可以轻而易举攻下万县的守兵。……他们挥舞着旗帜，在岸滩上有序地行进了一段距离，然后全部跪下祷告，然后叫喊着，拿着矛枪、刀、竹棍和旗帜冲向朝他们开火的士兵。开枪的士兵们仓皇逃窜。后来，当他们看到这些狂热者真的可以被杀死时，士兵才渐渐克服他们的迷信，最后整场战斗演变成了屠杀。

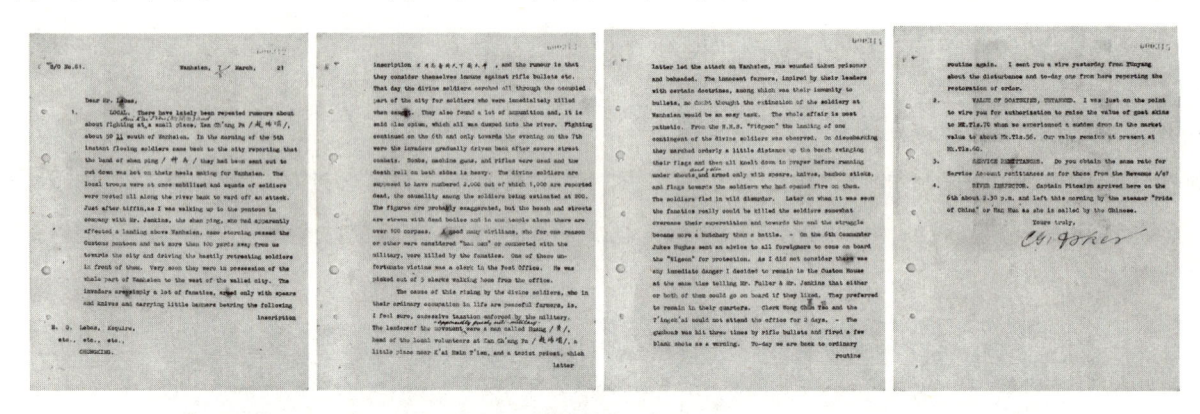

（档案编号J054-001-0001-312-315）

这就是神灵附体的自我感觉，以至于把镇压的士兵都给唬住了。在矛枪、刀、竹棍对付子弹，兵器落后的情况下，需要劲勇的仪式，比如跪下祷告，一如巴人歌舞，然后去冲锋陷阵。

为了加大神秘性及对神力的信奉，暴动组织者以家喻户晓的"玉皇"(emperor)来发布告示并钤盖玉帝印章，并且"神兵"还以桓侯大帝(张飞)的名义发布有神符特征的通行证：

……还有一张由神兵颁发的通行证的复印件，是一位杂货商向当地特派团提供的，这张通行证写在一张红色的布上，是颁发给龙驹坝附近的一位姓名不详的农民的。

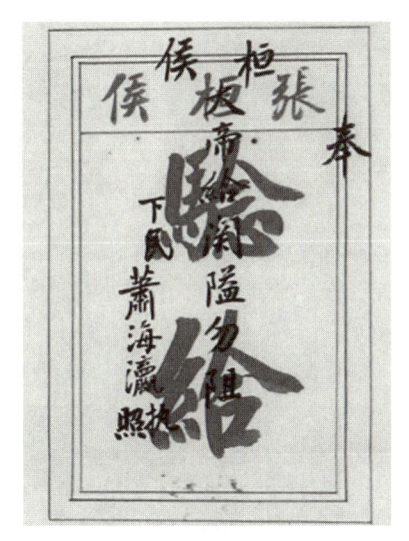

（档案编号 J054-001-0001-335-337）

综合以上档案，在海关人员看来，"神兵"的神秘具有狂热宗教性质。少女说梦，以神的旨意或教义去煽动民众，号召民众反抗军阀，反抗捐税。首领自称"玉皇"，以"玉皇"神的名义发布告示，带领"天兵天将"攻城。虽然武器特别简陋，但首领会用一些"法术"（跪拜，祷告，符水）使"神兵"认为自己可以刀枪不入，从而提高斗志，弥补兵器的落后。他们还有统一的口号或者宗旨，即"不要忘普同，天下图太平"，也极具鼓动性。

另外，从"神兵"的通行证看来，他们有一定的内部组织。有意思的是，首领似乎在借张桓侯的名义来下命令，以便容易使当地民众服从，张桓侯属于民间祭祀对象，除了在万县东部距离很近的云阳县有一座张桓侯庙（即张飞庙），在万县治城也有桓侯宫。民国《万县志》卷十祠祀之民祀中记载："桓侯宫，凡二所，一在县东门外，清道光末年建，同治九年大水，圮，光绪七年重建。一在三正铺，民国十六年建。"由此可见，"神兵"利用了民间信仰的力量来组织暴动，也是这次"神兵"事件的神秘性所在。

中国农民起义素来以代天行事相号召，受到天（神）的指示或暗示而起兵造反，于是造出一些具有轰动效应的神秘事件。比如陈胜吴广起义时得鱼腹中书，狐鸣"大楚兴，陈胜王"。比如元末韩山童、刘福通在河道埋下一只眼石人，待河工挖出石人，盛传"莫道石人一只眼，挑动黄河天下反"，组织农民起义。比如洪秀全说梦创立太平道，引发太平天国运动。诸如此类，表明不是"以下犯上"，反天子不是违背天意，是名正言顺，师出有名。

万县"神兵"事件的神秘性也是以代天行事相号召的一种方式。

二、"神兵"的余波及归宿

民国《万县志》记载了"神兵"攻打万县县城，被驻守万县、云阳一带的军阀剿灭，但首领下落不明，后续情况如何，在一些地方史料中有零星记载，多不详切。

从部分民国万县海关档案资料记录中，可以较为准确地了解到：1921年3月万县"神兵"事件后，

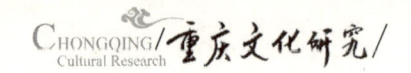

"神兵"并未消亡,在万县附近及川鄂交界地区继续活动,有的"神兵"迫于躲避政府和军阀追剿演变成了占山为王的"土匪",有的则投靠川鄂红军,成为革命生力军。

事件过后,万县分关给重庆海关汇报:

神兵的运动(Shen Ping movement)。那个号称"玉帝"(Jade)的人姓袁(Yuan),据说是农场工人,他仍然活着。他的确切下落不为人知,他大概藏在万县以南160里处的龙驹坝(Lung Chu Pa)和湖北施南(Shi nan in Hupeh)之间……这项一开始以反抗军方税收和压迫为目的的运动已经灭亡,但他们追随者仍然存在,已经变成纯粹的土匪了。很难得到任何有关这些神兵的确切消息。

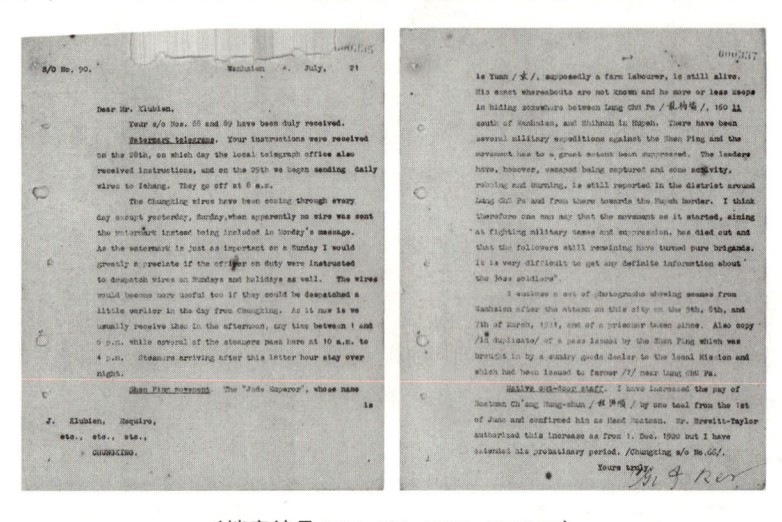

(档案编号 J054-001-0001-335/337)

还有一些档案显示,万县"神兵"事件过后,从1922年至1937年,在利川、万县、巫山、云阳等地不时出现"神兵"活动。

1922年7月,利川再次爆发"神兵"运动,万县海关非常担心万县再遭波及,立即汇报重庆海关总署:

利川神兵运动再次爆发。月底的时候,(参加的人)在数字上有十分可观的比例,也因为当时当地没有驻军,因为留下来驻扎的担心万县在某一刻又遭受袭击。

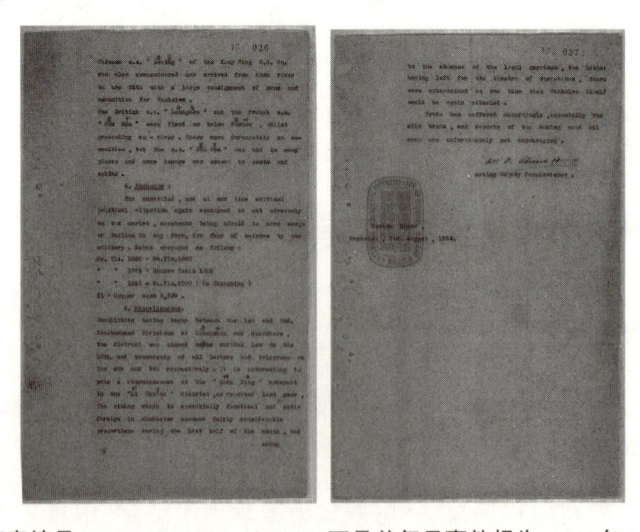

(档案编号 J054-001-0285-026/027,万县关每月事件报告,1922年7月)

海关档案显示,后来在利川、万县、巫山一带的"神兵"活动都与万县"神兵扑城"有关,是这次事件的"余波"或"潜藏"后再次爆发,它们之间是存在联系的。即使是1937年万县南部与湖北交界再次出现的"神兵"、1939年石柱地区700多人的"神兵",海关档案中仍然表述其是万县"神兵扑城"事件后的死灰复燃,是万县"神兵"运动的余波。比如:

神兵暴动(Shen-ping uprising)。巫山(Wu-shan)地区发生了一起狂热分子的叛乱。这些人认为在他们崇拜的某些神的帮助下,火和武器都不会对他们造成任何伤害。他们的目标是杀死所有他们见过的官员和士兵。当局的暴政和虐待造成了长期遭受酷刑的村民叛乱。29日晚,神兵们挺近夔府(Kwei-fu),袭击了该城。驻扎在那里的士兵用炸弹和步枪打伤了暴民。

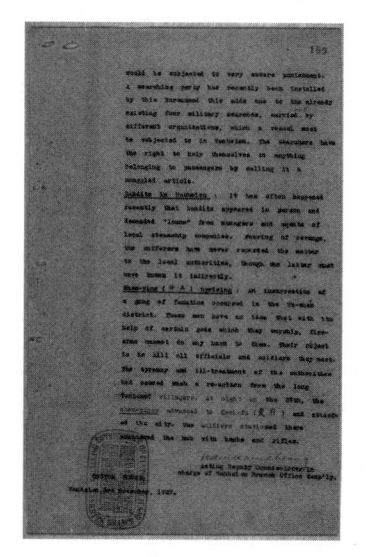

(档案编号J054-001-0286-189,万县关每月事件报告,1927年11月)

几年前,神兵曾经到过万县,那可怕的灾难就是由他们造成的。据报道,在万县南部与湖北的交界地区,这些不法分子再次出现。军事当局正在不遗余力地镇压他们。

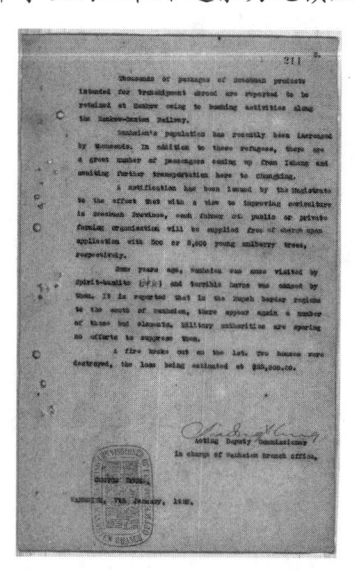

(档案编号J054-001-0287-211,万县关每月事件报告,1937年12月)

可见攻打万县的"神兵"虽然暂时被镇压了,但他们还活动在万县附近地区,并且一直持续到抗战时期。这说明"神兵"人数之多、范围之广、影响之大,毕竟带有神秘色彩的宗教性组织很容易发展壮大且生命力顽强。

档案中还提到有些"神兵"变成了土匪。当时国民政府对土匪采取了暴力镇压的手段,但似乎并没有根除。另一方面,"神兵"运动对国民政府造成了一定的压力,国民政府不得不通过废除一些苛捐杂税的方式来缓和矛盾,如"第九行政区检查员闽永濂先生在接受记者采访时,他宣布省政府将在不久的将来建立一个土地呈报处,以便减少对贫困人民征收的超额土地税"(档案编号J054-001-0287-241)。

政府甚至想办法去招降收编"神兵"土匪,送到抗日前线,成为抗战力量。比如,湖北省"通过策略,成功说服'神兵'土匪向政府投降。据说,一些以前的土匪现在已经去往前线"(档案编号J054-001-0287-244)。

值得注意的是,档案中提到"神兵"与共产党贺龙和萧克领导的红军有联系。

川东、鄂西地区本来就是工农红军的活跃区域,"神兵"活动区域与红军活动区域有重叠,他们在面对军阀镇压时互相"报团取暖"。档案显示:

指挥官徐源泉给了共产党(Communist)领导人贺龙(He Lung)和萧克(Hsiao Ke)致命的一击,共产党遭受惨败。报告称贺龙和萧克已经迁往湖北西部边境的利川地区,并计划占据该地区。(档案编号J054-001-0287-073,万县关每月事件报告,1935年5月)

尽管政府部队施加了很大的压力,但贺龙和萧克领导的红军(Reds)仍然在四川省东南部和湖北省的边境来凤(Lai Feng)和宣恩(Hsuan En)地区反抗。(档案编号J054-001-0287-076,万县关每月事件报告,1935年6月)

贺龙与萧克手下的共产党员在四川和湖北交界进行斗争,并威胁到了这片地区的安全。(J054-001-0287-112,万县关每月事件报告,1936年1月)

以海关人员的视角,虽然没有明确说明贺龙与萧克领导的红军与"神兵"之间的联系,但事实上,贺龙在创建湘鄂川黔革命根据地时,对"神兵"进行了争取和改造,从1928年起,贺龙和湘鄂西红军用疏导、分化瓦解和统战等方法,先后共争取鄂西"神兵"1600多人参加红军,他们成为湘鄂西红军的重要力量。[①]这是"神兵"在遭到镇压后沦为土匪或被地方军阀收编之外最好的命运归宿。

三、"神兵"的反帝性质

民国史及一些地方史对"神兵"运动或斗争的研究都指出其有抗捐税、反军阀的性质,比如民国《万县志》提及"抗拒官府,不肯纳税",而对"神兵"运动反帝性质较少提及或研究较少。

[①] 参见朱妍《乡村秘密社会与中共领导的早期农村武装斗争——以贺龙争取和改造鄂西神兵为例》,载于《湖北民族学院学报(哲学社会科学版)》2017年第3期。

从海关档案看,"神兵"运动具有明显的反帝性质。

在川鄂及西南"神兵"最活跃的那段时间(约1920—1930年),外国神父的足迹已深入到西南边陲,部分神父除了传教以外,还从事侦讯谍报活动。湖北宜昌、重庆相继开设海关署,列强势力已深入内陆地区。"神兵"运动自然会损害到列强的在华利益。当万县"神兵扑城"事件发生,万县海关就急忙汇报重庆海关,也是出于保护自己的在华利益。档案显示:

在三月份,由于广泛报道的在湖北施南府兴起的纯粹的反军方的农民运动……这场战斗使民众陷入了极大的恐慌之中,所有的贸易活动都停止了好几个星期。

(档案编号J054-001-0289-003,万县海关贸易启示笺,1921年第242/3月季度)

"神兵"活动范围不断扩大,影响物价与贸易,进而影响到海关的税收,也是海关所担心的:

"神兵"运动使贸易受到了影响,他们的行动范围从湖北边界延伸到约30英里外的万县以南的一个地方……

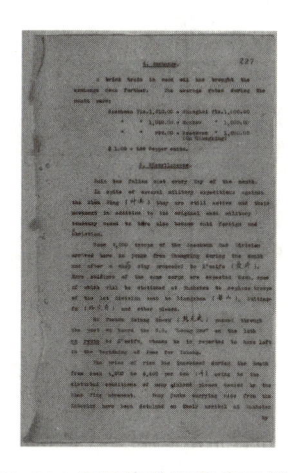

(档案编号J054-001-0289-006,万县海关贸易启示笺,1921年第243/6月季度)

由于神兵运动,许多地区动荡不安,导致大米的价格从每斗(tou)4800元上涨到了每斗6400元。……桐油(wood oil)价格已经从每担(per pieul)8.5四川法币上升到了每担11四川法币。

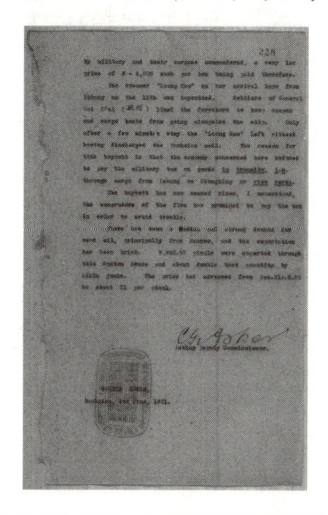

(档案编号J054-001-0284-227/228,万县关每月事件报告,1921年5月)

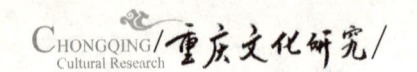

为了保护海关利益,民国万县海关向重庆海关发出征调炮舰协防的电报:

尊敬的Klubien先生:

我刚刚给你发了电报如下:"有报告说大量神兵将攻打万县,迫切需要支援。"我认为万县县长的信充分描述了这件事,这次他没有夸大情况。一些昨天从利川(Li Chu'an)被赶出来的罗马天主教传教士(roman catholic missionaries)来到这报告说,神兵武器装备完善,并摧毁一切外国事物(destroying everything foreign)。现在没有士兵在万县并且城镇极易遭受袭击。我礼貌地给"美仁"号(Meiren)的船长寄了这封信,并希望领事们看到后,马上往这里派一艘炮艇。

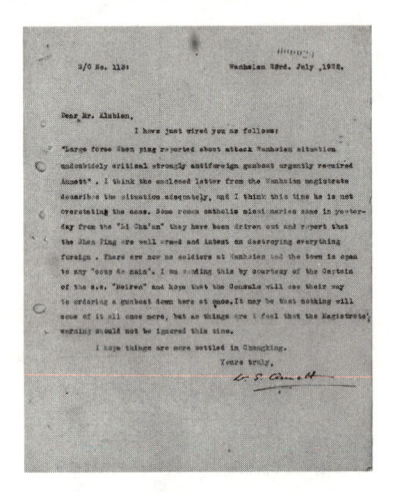

(档案编号J054-001-0002-029,S/0 No.113,万县 1922年7月23日)

在万县"神兵"事件发生后,万县海关的汇报材料中也明确提到"神兵"称外国人为"妖孽",称天主教、基督教、牧师是可恶的该死的"禽兽",是中国祸乱的根源,要"用剑送他们下最低级的地狱":

外国妖孽已经入侵……用剑送他们下最低级的地狱。当这些不道德的人灭亡后,中国才能得到和平。(档案编号J054-001-0011-047,万县1921年6月21日)

"神兵"最初因不堪各种捐税、不堪军阀为祸而暴动,在斗争过程中也反抗外国人和基督教、天主教,他们认识到海关抽厘也是加重捐税的原因,是苦难的祸根,认识到外国人不只倾倒鸦片,也对没有文化的中国人洗脑,所以这些外国人是"妖孽","神兵"也要"破坏一切外国事物"。"神兵"运动不仅打击军阀、破坏政府衙门,还焚烧"洋衙门"(教堂),反对海关征税。因而,海关不得不以炮舰来恫吓"神兵",保护在华利益。

由此可见,"神兵"不仅反军阀、抗捐税,同时也反外国者(antiforeign),反列强,"反帝"特征明显。

涂山禹庙考辩

陈猷华

探访涂山寺

涂山之巅的涂山寺，据说是重庆最古老的寺庙。我曾跟随爬山群多次从荒野攀上涂山，匆匆走过涂山寺围墙下的便道。每次我都会抬头仰望坡上古色古香的山门殿宇，很想进去转一转，但是群友们却不会在这里停留，我也不想中途离开团队，只能心怀遗憾。最近，终于抽空专程去探访了涂山寺，了了心愿。

从停车场边的侧门进入寺庙，走过卖香蜡纸烛的殿堂，登上几级台阶，面前豁然开朗。宽敞的院坝间，散布着亭阁石塔和殿宇。寺庙左侧崖上的两座亭廊里，很多游客围坐在方桌边喝茶聊天。站在亭廊边俯瞰山下，两江环抱的渝中半岛尽收眼底。清代乾隆年间，巴县知县王尔鉴攀上涂山，曾写了一首《登涂山亭子》。其诗说：涂岭摩天峻/危亭望眼殊/江山连楚蜀/城郭耸巴渝/万户云为宅/双虹水作都/东川此门户/凭眺一踌躇。王知县登临的涂山亭子，虽然不一定是现在的亭廊位置，但临崖观景的感慨与今人是相通的。约270年过去，长江边低矮的吊脚楼换成了直插云天的高楼大厦，更切合"万户云为宅"的诗意。

再往里走，一一观瞻了大雄宝殿、韦驮菩萨殿、药师佛殿、地藏殿、南海观音殿等十座殿堂。大约是为了"接地气"，寺庙后边宽敞的院坝中庭雄踞着高大的财神殿，庭院里两列祭台插满香烛，周围青烟缭绕。来此烧香拜神的人显然多于药观音殿、毗卢佛殿、西方三圣殿等殿堂。我转了一阵，没有找到祭祀大禹的殿堂。据一份简介说，涂山寺内有纪念大禹的"禹王治水碑"，也许是我走马观花，还有一些角落没有去，所以没有见到。

禹娶涂山

涂山，据说大禹曾在此娶涂山氏之女，并且留下三过家门而不入的动人故事。涂山与禹王、涂后联系这么紧密，山上应该有纪念他们的祠庙或殿堂，否则涂山就空有其名。

当然大禹娶亲的涂山到底在哪儿，是有争议的。有以为涂山在伊洛、陆浑一带的三涂山，即今河南嵩县；有认为涂山在寿春，即今安徽寿县；还有人证明涂山在今安徽当涂；更有人辨认出涂山在今浙江绍兴县西北四十五里，即越国故都会稽。其实重庆涂山的记载也很早，并具有较高的可信度。大约在秦汉时代，重庆涂山就有禹王和涂后的祠庙，而且附近有涂洞、涂村，山下江边有遮夫滩，有巨石名启母。《东汉郡志》认为大禹娶涂山氏女的地方就在江州（重庆）涂山。东晋常璩撰写的《华阳国志·巴志》记载："江州县郡治。涂山有禹王祠及涂后祠。"北魏郦道元的《水经注》，沿袭《华阳国志》之说："江之北岸，有涂山，南有夏禹庙、涂君祠，庙铭存焉。"明万历乙亥年（1575年）在重庆涂山上立的《重建涂山禹庙碑》持论较公允。川东兵备道台曹汴在碑文中说："纵令禹非蜀人，其娶非涂山，犹当郡为之祠庙，以报厥万世永赖之功。"

禹庙兴废

南北朝之后，又经历了隋、唐、五代十国、北宋、南宋、元，七八百年间朝代兴亡更替，重庆涂山上的禹庙涂祠也随之几经毁损重建。到了元代至正年间，重庆涂山上的禹庙又成一片废墟。元代《涂山碑》记载："元至正壬辰（1352年），郡守费著仍建庙。"

元朝至正年间重建的禹王庙，二百多年后再次沦为"瓦砾草莽之墟"。明朝万历初年，川东兵备道台田公倡导集资重建禹庙。此次修建的禹庙规模宏大，从庙外三层台阶上去，然后是四道门坊，再上是四座亭阁，其前后左右还有四幢房舍，再沿石梯而上，便是四重殿宇。庙宇高大雄伟、金碧辉煌，俨然是一座"古涂山国之故宫"。

殿堂里的禹王像，则是根据宋代人所刻的圣贤遗像"塑衮冕坐像"而刻的。庙里还立有两块木主（牌位）供祭祀，一块是"夏大禹王神主"，一块是"夏后涂山氏神主"。

可惜这座精心修建的禹王庙没有存在几年。据涂山寺简介，明万历九年（1581年），也就是新的禹王庙建好6年后，涂洞所在的佛教广化寺与涂山之巅的禹王庙及真武宫对换。所谓对换，应该是广化寺迁到涂山顶上的禹王庙及真武宫，改神庙道观为佛寺；禹王庙及真武宫则迁到广化寺原址（今老君洞），化寺院为神庙道观。涂山寺简介说，广化寺换到涂山上后，明清时期，寺庙有所扩大，真武寺因与禹王祠旧址合并，故人们称之为涂山寺。如果对换之事确实，那么真武宫与禹王祠旧址合并后建立的就是佛教寺院，起新名"涂山寺"是对的。

顺便说明下，宗教中的寺，是指佛寺。真武大帝是神话和道教中的人物，祭祀他的庙宇，应当是"祠""宫"或"庙"，涂山寺简介中称其为"真武寺"是不恰当的，王尔鉴的《巴县志》上明确称其为"真武宫"。

诗文中的涂山禹庙

清代乾隆年间巴县知县王尔鉴编修的《巴县志》，涉及涂山及禹庙的诗文特别多。在"卷一·山川"中有对涂山、真武山(涂山的另一名称)、老君山(涂洞所在地)的介绍。在"卷二·寺观"中,有对涂山禹庙的介绍。在"卷十二·艺文"中,全文刊载了元代的"涂山碑",明代的"重建涂山禹庙碑"。在随后的各卷中,录有多首吟咏涂山及禹庙的诗。

明末的曹学佺是一位学者型官员,万历年间相继任四川右参政和四川按察使,著有《蜀中名胜记》。他游览重庆涂山时,写有《登涂山绝顶》:"百折来峰顶/三巴此地尊/层城如在水/裂石即为门。"

清初诗坛盟主、官至刑部尚书的王士祯"奉命典四川乡试"时,也曾到重庆涂山一游,留下《涂山绝顶眺望》一诗:"飞瀑落长虹/登临见禹功/山围巴字国/苔没夏王宫/……渝州天堑地/感慨大江东。"

明代重庆太守傅光宅写有《禹庙》诗,末句云:"终古平成思禹绩/乾坤谁信等浮沤。"乾隆年间曾任岳麓书院山长、川东道台的张九镒写有《九日偕书太守登涂山即景二首》。初官山东济宁州知州,乾隆十六年被贬为四川巴县知县的王尔鉴留有《登涂山亭子》《涂山禹庙》等诗。《涂山禹庙》云:"字水城东岸/涂山禹后家/明烟合祀永/古木倚江斜……登临想疏凿/四日度三巴。"

除王尔鉴《巴县志》所记之外,还有不少明清时期的官宦乡贤为涂山及禹庙赋诗,吴礼嘉(明末四川巡按)写有《登涂山》,张稽古(明嘉靖时参知政事)写有《登涂山后作》,罗守仁(知县)写有《登涂岭》,刘会写有《月下登涂山澄鉴亭观渝城夜景》,龙为霖(知府)有《登涂山绝顶》,王汴留有《月下望涂山》,刘慈(知县)有《涂山春眺》和《禹庙》诗,施玉立也有一首《禹庙》。

在古代,涂山应是重庆的最佳景区,游人首选之地。清康熙广东解元陈瀚的《涂山赋》描绘到:"于是阖邑名流,四方游宦,或踏青以写情,或登高而远盼。莫不蹑天梯,履云栈;攀藤岩,登约洞。"想必古代的涂山也如现在的"一棵树"观景台,是观赏渝城"万户云为宅,双虹水作都"的极佳地点。

唐代重庆涂山上没有涂山寺

按涂山寺简介所说,涂山上的禹庙已于明代万历九年(1581年)与邻近的广化寺对换。王尔鉴编修《巴县志》是在清朝乾隆十六年至二十五年(1751—1760年),也就是说禹庙与广化寺对换将近200年后,涂山上的庙宇应该早已是寺院了,而且已改名为"涂山寺"。但奇怪的是,乾隆时的诗人们仍然称涂山上的庙宇为"禹庙"。王尔鉴的《巴县志》上,既没有禹庙和真武宫与广化寺对换的记载,也没有明清时期的人在诗文碑刻中提及"涂山寺",只是在"艺文志"卷末才录载了白居易的《涂山寺独游》。傅光宅、王尔鉴、施玉立、刘慈等人的诗则直接以"禹庙"为题。而且刘慈的《禹庙》诗还有对庙宇的描述,其诗说:"朱甍绣柱临江渚/……玄圭陈锡忆当时/江流今古怀明德/览胜扪碑读古词"。是不是可以这样理解,在王尔鉴当巴县知县的乾隆年间,涂山上仍然只有禹庙,而无涂山寺?

由清乾隆年间上溯,明万历乙亥年(1575年)在涂山上修建的庙宇,从当时镌刻的碑文《重建涂山禹庙碑》可知,当时重建的也是禹庙。再往上,元代至正壬辰(1352年),郡守费著主持重建的庙宇,也是禹庙。其碑"涂山碑"记述的是重建禹庙的原因及论证大禹娶涂山氏应是在重庆涂山。此碑也与"涂山寺"无关。

从元代上溯至南宋,地理学家王象之所著的《舆地记胜》提到过重庆的涂山。宋理宗三年(1227年),"象之过重庆,宪使黎伯巽方类次图经,谓:'重庆之涂山,上有禹庙,则其为古之涂山也明甚。'"可见,南宋时,重庆涂山上的庙宇是禹庙而非"涂山寺"。

再往上,越北宋、五代十国到唐朝,涂山寺简介及陈思成主编的《重庆真武山涂山寺及禹涂文化》一书,均以唐代大诗人白居易写有《涂山寺独游》为据,证明重庆涂山在唐代就有涂山寺了。

其实白居易的《涂山寺独游》,本身就不能确定是否写的是重庆涂山寺,又怎么能当作证据呢?况且还是孤证。按现今涂山寺简介的说法,明万历九年(1581年),涂山上的庙宇与涂洞所在的广化寺对换,之后禹庙和真武宫遗址合并而建佛寺,这才称为涂山寺。唐代的重庆涂山上,怎么会出现后世才有的涂山寺呢?

且不说唐代重庆涂山上根本就没有涂山寺,假设有的话,白大诗人也不可能"涂山来去熟/唯是马蹄知"。白居易任刺史的忠州,距离重庆市区,及时是走现在的高速路也有235公里,当时曲曲弯弯的步道应当在300公里以上吧,而且只能骑马或步行或坐轿,这么远的路程,怎么可能"来去熟"。白居易到忠州上任和离任回京,都是乘船从三峡出入,也没有路过重庆。再者,忠州和渝州(重庆)分属不同的道,没有行政上的关联。白居易仅在忠州待了一年零三个月,他常年在京城长安为官,长安郊外恰巧就有一座涂山寺,白诗人闲暇时能常去游玩。说《涂山寺独游》是写的长安郊外涂山寺,这倒合乎情理。

涂山寺到底得名于何时

从北魏郦道元写作《水经注》之后到元代至正年间的《涂山碑》和明代万历乙亥年的《重建涂山禹庙碑》,再到王尔鉴《巴县志》上有关涂山和禹庙的诗文,不得不让人觉得涂山上承袭的庙宇一直是禹庙。甚至到了清朝道光二十一年(1841年),划定涂山庙产的碑刻,也是称其为"真武古刹",而不说"涂山寺"。这块石碑现就立于涂山寺内,其碑文首句即云:"盖闻涂山真武古刹新置田土庄房山场。"

重庆涂山上的"涂山寺",似乎得名很晚。《重庆真武山涂山寺及禹涂文化》上说,"明永乐十一年(1413年)至明万历四十年(1612年)道洪、正旭二僧历经苦心募化修建,逐渐扩大庙宇旧制"。僧道洪在明永乐年间苦心募化修建的庙宇,根据他是佛僧的身份,应当修建的是佛寺。吊诡的是,到了明万历甲戌年(1574年),也就是僧道洪募化修建佛寺161年之后,人们看到的,也还是禹庙的废墟,而不是健全的佛寺或者佛寺废墟。1575年曹汴撰写的《重建涂山禹庙碑》载:"于是于郡东涂山之麓,得禹庙旧址,与元臣刘志道所题庙碑马顾碑,漫缺不可读。"我们是相信近年编写的《重庆真武山涂山寺及禹涂文化》,还是相信明代人曹汴撰写的《重建涂山禹庙碑》呢?

明万历四十年(1612年),僧正旭苦心募化,逐渐扩大庙宇旧制。这是在涂山寺简介中所说的明万历九年(1581年)广化寺与禹王庙及真武宫对换之后,倒是可信。

真武宫与真武山

涂山上的真武宫何时建造,涂山寺简介及《重庆真武山涂山寺及禹涂文化》一书都没有明确的记载,只是推测真武宫建于明初,因为朱元璋夺得天下,自称有真武大帝的天兵天将助战,因而在南京修建真武庙祭奉。燕王朱棣抢得皇位,又在北京修建真武庙。到了明世宗时,朝廷、官府对真武大帝崇信得五体投地,全国各地俱大建真武庙。真武,在《楚辞·远游》中为玄武,为北方之神。根据阴阳五行来说,北方属水,故北方之神即为水神。大禹治水,似乎也可算水神,用真武大帝代替禹王,好像有一定合理性。那么,在明世宗时期,在全国各地大建真武庙的形势下,重庆涂山上修建起真武宫,也是顺理成章的。只是奇怪的是,到明万历甲戌年(1574年),不过一二十年或三四十年后,人们在涂山上看到的却还是禹庙的废墟,然后在川东兵备道台田公的主持下重建禹王庙。这时候,真武宫在哪儿呢?

王尔鉴的《巴县志》在山川形胜卷,介绍了真武山。说其山顶有澄鉴亭,亭侧有万历二十三年所立铁柱,山左侧有真武宫。那么,真武宫和禹王庙,虽都在涂山之巅,是不是分布在两个山头呢?人们都说真武山和涂山,是合而为一的,是同一座山的两个名称。根据地形,是不是也可这样区分,今天铁柱所立,原揽胜亭及后来的澄鉴亭所在的山峰,属真武山,与真武山铁柱相望,今涂山寺所在的山头,才是涂山。或者说涂山雕塑公园及其周围的山峰,都属涂山,真武山只是涂山的一部分,即铁柱所在的山峰。

清咸丰元年(1851年),驻防重庆的川东兵备道台曹澍钟主持修建成一座七级白塔,这就是位于现今黄葛垭云峰山之巅的文峰塔。曹澍钟还为之写了《创修涂山文峰塔铭》。文峰塔所在的黄葛垭(黄桷垭是今人错写)距离涂山寺较远,相隔多个山头,但在道光咸丰时人眼中,文峰塔所在地仍属涂山。是不是说,今上新街、上下浩背后的多个山峰,都属涂山山脉。或者整个南山,当时都叫涂山?

史料的阙失,使得一些原本很简单的事情变得扑朔迷离,甚至越说越糊涂。不过禹庙及涂后祠、真武宫、涂山寺,在历史长河中,都因社会生态环境的变异,多次毁损圮废,又多次重建修复,这是可以确定的。圮废之时,多逢战乱兵火,民生凋敝。而重建修复之际,则社会安定,人民安居乐业。而今涂山寺规模宏大,游人众多,也是当今社会生活的一面镜子吧。

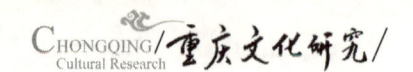

重庆码头文化评说

李正权

一、重庆靠码头而兴盛发展

重庆地处长江和嘉陵江交汇处,水深浪平,乃天然良港。港者,停靠船舶的河汊海湾也。有港口就有码头,重庆的码头也就特别多。

笔者1950年出生在重庆城临江门石灰码头。那时,仅仅是在临江门,从上往下数,就有大码头、煤码头、粪码头、石灰码头、砖码头。重庆城门九开八闭。九个开门中,朝天门、东水门、太平门、储奇门、金紫门、南纪门、临江门、千厮门八门临江;闭八门中,翠微门、太安门(即如今的望龙门)、人和门、凤凰门、洪崖门、西水门六门也临江。有这样一首歌谣:"朝天门,大码头,迎官接圣。千厮门,花包子,白雪如银。洪崖门,广船开,杀鸡敬神。临江门,粪码头,肥田有本……"所有的临江的城门外都有或多或少或大或小的码头。此外,当时尚不属于重庆城的黄花园、大溪沟、牛角沱、菜园坝、黄沙溪以及江北、南岸也还有数不清的大大小小的码头。重庆城当年究竟有多少码头,如今可能谁也说不清楚了。

当年,重庆城大大小小的码头都相当热闹。江边停满各种各样的船舶,真是桅樯如林、船篷相连,挤得密密匝匝,里三层外三层的,把江河都塞满了。岸边是各种各样的街市,真是店铺相依、人来人往,把那青石板小路磨得光润发亮,日日都是赶场天,天天都是庙会节。天还未亮,码头上就油灯闪闪,炊烟袅袅,卖早食的就开始吆喝叫卖。到深夜了,那小街上的酒馆、茶馆、烟馆还灯影闪烁,招徕着南来北往的行人。外来的货物从船上搬到码头,又从码头搬到城里去;城里的货物运到码头,然后又装上船,运往两江沿岸。码头就像重庆城的嘴,不停地吞吐着,重庆城也就在这样的吞吐中逐渐发展起来。

历史上的"城"和"市"是两个不同的概念。重庆"城"虽然有两三千年的历史,但真正成为一个"市",只有几百年的时间。而重庆城能够真正成为"市",也全靠码头。如果没有这些码头,也就没有后来重庆的发展,也就更没有今日的重庆。

四川地处我国西南内陆腹地,与全国主要的经济区东有巫山障碍,北有大巴山和秦岭隔离,除了令人望而生畏的秦巴栈道外,只有长江一线与外部相通。这种封闭的自然地理环境,造就了重庆在四川的地理优势。重庆位于横穿四川全境的长江与纵贯盆地的嘉陵江的交汇处,重庆城内的长江和嘉陵江当时都有近千公里可以通航。以重庆为枢纽,几乎整个四川和云南、贵州的部分地区都可以沟通。于是,四川盆地和云南、贵州的部分地区要向外输出的物资,大多都要通过与重庆通航的大小河流来到重庆,然后输出到长江中下游地区;外地输入的物资则相反,运到重庆后才能输送到四川、云南、贵州的其他地方。

但是,一直到清代以前,整个西南地区的经济,除成都平原外,都相当落后,输出输入的物资都相当少,重庆城的区位优势并没有得到充分利用。清初"湖广填四川"后,四川的人口和经济才得到快速发展,有了剩余的粮食。而当时江浙一带因转种经济作物及水旱灾害,粮食匮乏,需要四川输出。大量的川粮外运,都要在重庆来换船,重庆成为"换船总运之所"(乾隆《巴县志》)。于是,重庆的码头就迅速发展起来。川粮的外运加上川盐在重庆的集散,大大刺激了重庆的商业发展,外运的木材、丝绸、夏布、药材、山货、食糖、滇铜、黔铅等,输入的棉花、土布、杂货、百货等,几乎都要在重庆转口。到乾隆初年,重庆已是"商贾云屯,百物萃聚","九门舟集如蚁,陆则受廛,水则结舫"(乾隆《巴县志》)。

当然,那时的货物往来数量其实还是很小的。就是抗战时期,重庆所有码头的年吞吐量也不过100万吨左右,哪能与现在比!由于当时没有轮船,木船运输一是载重量小,大多不过几吨十几吨而已;二是行程慢,上水还要人拉纤;三是全靠人力搬运上下船,才有"舟集如蚁"的盛况。据统计,1944年川江木船鼎盛时有船16436只,总吨位26万多吨,其中常年进出重庆的木船有两万多只(次)。直到20世纪50年代,虽然已经有了大量的轮船,还有了公路运输,有了成渝铁路,重庆城的码头都还相当拥挤,沿江四岸的码头都密密麻麻停满了大大小小的船舶,外来的木船进入重庆码头,想找个合适的地方停靠都还相当困难。

有了码头,就有了商人,就有了船工、纤夫、搬运夫,就有了茶馆、酒馆、饭馆、客栈、货栈,就有了船帮、货帮、轿帮、力行,就有了袍哥、把头、地痞、恶霸,于是也就形成一个又一个新的街市。清乾隆初年,仅重庆城临江的城门外就有了15厢(厢是清代城门外街道的分区管理机构,相当于如今的街道办事处)之多。一个厢往往管着好几条甚至几十条街巷,如临江厢就包括临江门城外的几十条街巷。按码头一词的引申义,这些厢大多都可以称为码头。到抗战时期,这些城外码头的人口,以及城内各种各样的与码头相关的人口加在一起,就有近30万人,占当时重庆全市人口的近30%。码头是重庆的底层社会,码头上的人当然就是重庆底层的人了。

有人就有文化。一个地方的人,其生产生活、衣食住行、休闲娱乐、生育婚丧以及人与人的交往,构成了一个地方的文化。码头的地位如此特殊,与码头相关的人如此之多,码头与其他街区的地理条件、人口结构、风俗习惯等方面又不同,于是就形成了特殊的码头文化。这种码头文化的生命力竟然是如此强大,对所有的重庆人都产生了不可忽视的影响,甚至完全渗透到重庆传统文化之中,使重庆传统文化呈现出码头文化的特色。

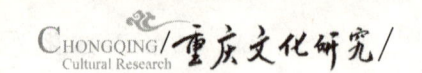

码头一词的本义是"在江河沿岸及港湾内供停船时装卸货物和乘客上下的建筑"。重庆城的码头一直是相当简陋的,直到20世纪20年代,先是杨森,后是潘文华,才在朝天门等地修建起多少有点像样的码头,如嘉陵码头、朝天码头、太平码头、千厮码头、江北码头、储奇码头、飞机码头等。如今,滨江路一修,当年的码头大多已经连成一线,密密麻麻地摆满了各种各样的趸船,但停靠的大多都是轮船,几乎看不到木船了,早年那"舟集如蚁"的景况也就更不可能看到了。而城外"码头"上的人大多也已迁到城市的其他地方居住,码头的特殊性已经不复存在,但重庆的码头文化却并没有因此湮灭,仍然顽强地表现在重庆人的日常生活中。

码头一词可以引申为"码头附近的街市",还可以再引申为"交通便利(以水运码头为基础)的商业城市"。从这个意义上说,历史上的重庆就是一个码头,重庆历史上就是一个码头城市,重庆的传统文化就是码头文化。码头文化当然是一种底层社会的文化,可能上不了高雅之堂。虽然重庆也有高雅文化,但从传统角度来看,那样的高雅文化始终不是重庆传统文化的主流。在重庆传统文化中,占主流的毕竟还是码头文化,说重庆传统文化就是码头文化也无不可。

二、码头文化的帮会色彩

的确,码头不是皇宫,不是书院,也不是商场、工厂,相对而言可能要低一个甚至几个层次。从前,码头上的人们大多不识字,没有"文化",他们"创造"的码头文化当然只能是"下里巴人",甚至有许多落后的东西。

重庆的码头不是因资本主义生产方式出现而发展起来的,而是在封建主义的自然经济条件下兴盛起来的,这就决定了重庆码头文化带有相当多的封建主义色彩。

首先是帮会色彩。在自然经济条件下,不管是商人还是下力人,个人力量都相当微小,不足以抗衡恶劣的自然条件,也不足以抗衡外来的竞争。为此,只有联合起来,组织起来,于是就形成行帮。这和如今的各种各样的协会虽然有些相似,但行帮却是借助神秘的封建主义的文化色彩和家长制的组织形式建立起来的,袍哥就是一种典型形式。行帮头领往往就是袍哥大爷,独揽大权,成为压迫者剥削者,甚至走向反动。而一般行帮成员则只能听任摆布,成为头领的走卒,甚至成为牺牲品。可以说,码头一出现,就有了各种各样的行帮帮会,如商帮、船帮、轿帮、力行等等。

以船帮为例,到清朝末年,重庆的船帮就形成了四大系统,数量达二十多个。四大系统分别是:下河帮,专营长江下游;上河帮,专营长江上游;小河帮,专营嘉陵江流域;揽载帮,专营陆上承揽业务。

据史料记载,清嘉庆年间,朝天门码头就成立了搬运夫行,还制定了九条行规:

(1)推举"年轻精壮、忠实才干"者为领首;

(2)领首每日在码头照管,一遇货物拢岸,随即派拨搬运夫上船,"轮挨次搬运,不得恃强争夺";

(3)领首负责查点货物;

(4)领首置买雨篷,以备遇雨遮盖货物;

(5)搬运夫所抬货物从码头至各行栈,路途若不远不得歇肩;

(6)运价"原有定规,不得以天时晴雨早晚任意勒索";

(7)领首不得恃权"侵蚀散夫血汗";

(8)码头每逢官员往来,一切差务仍照旧规;

(9)每日搬运货物从辰时至申时,这期间不得推诿不运。

开始,这种"领首"还有些管理者的味道,其主要职责还是维护正常的码头秩序。后来,"领首"与袍哥帮会搅在一起,便发展为封建把头。再后来,封建把头又与保甲制度相结合,成为恶霸,欺压百姓,坐吃搬运夫的血汗钱,成为国民党反动统治的工具。1946年重庆发生了"较场口血案",李公朴、郭沫若、施复亮等60余人被国民党"御用"打手殴伤。这些打手主要就是朝天门码头的封建把头连绍华带领的流氓暴徒。重庆解放后,人民政府枪毙了一大批罪大恶极的封建把头,码头才获得解放。笔者小时候曾住在临江门,后来又搬到朝天门居住,所住的房子都是封建把头留下来的。

在码头上,封建把头的权力是相当大的。且举一例:那时,不管是重庆人吃的粮食还是要转运到江浙去的粮食,都要在各个码头下船或转船。粮食都是散装,需要用木制的斗来过量。过量的人用那斗从船舱里舀粮食,要用一块竹片将粮食赶平。那竹片就很有讲究了,一面是凹的,一面是凸的。用凹的一面去赶,那粮食就会冒一部分;用凸的一面去赶,那粮食就要落下去一部分。这样一进一出,一船粮食就会相差几百上千斤。那过量的人都是封建把头控制的。于是,不管是买家还是卖家,都要去贿赂封建把头。那封建把头吃了买家吃卖家,买家、卖家吃了亏还不敢说。

袍哥可以称得上是典型的码头文化产物。加入袍哥叫"嗨",袍哥们外出叫"跑码头",而到了一个地方就要"拜码头",袍哥里的头领叫作"舵把子",霸占一个地方叫作"操码头"……其码头色彩相当浓厚。重庆的袍哥势力相当强大,连手握兵权的军阀们都要让袍哥三分。刘湘在重庆时,就曾"嗨"过袍哥。其手下的师长团长几乎都是袍哥的人。范绍增(范哈儿)年轻时就是袍哥大爷,其"辈分"(袍哥的等级称为辈分)相当高。他后来跑到上海去,还和黄金荣、杜月笙之类的封建帮会头面人物交往甚密。

帮会文化实际上是家族文化的变种。一个帮会就是一个由异姓人组成的家族,虽然帮会成员之间没有血缘关系,却通过"拜把子""换帖子"之类的方式来确定"辈分"和长幼。家族里有族规,族规甚至大于官府的法规;帮会里有帮规,帮规往往比族规更严,违犯者受到的处罚往往更重。在袍哥里,"大爷""舵把子"往往具有绝对权威,一般成员只能听命而已。

重庆的袍哥组织是晚清时候发展起来的,在四川的保路运动以及后来的辛亥革命中曾经起到过相当大的作用,但后来却逐渐走向反动,成为国民党反动统治的打手。

那时,谁想在码头上混,哪怕是想在码头上凭劳力找饭吃,当搬运夫,当"扯船子"(纤夫),都只有加入袍哥才有可能。否则,你就不能"挨轮次搬运",就没有人敢雇用你,你即使有点钱要做小生意,也可能要被袍哥们砸了店子掀了摊子。因此，在重庆城码头上生活的人，穷也好富也好，大多是袍哥成员。而要加入袍哥，一要有人介绍，二要花钱，加入之后还要承担相应的义务，为"大爷"们无偿提供服务，随时听命于召唤。穷人加入袍哥，是相当沉重的负担。

作为帮会的袍哥，其核心理念是讲"义气"。既然大家都是袍哥，成了"一家人"，互相之间就有了相帮相助的义务，也就必须讲"义气"。这种理念不仅成为重庆码头文化的核心，而且浸润了整个重庆传统文化，成为重庆人一大性格特点。如今的重庆人一旦说到自己的优点时，几乎免不了说自己讲"义气"。讲"义气"虽然不能说是缺点，但不分是非，不讲原则，一味地讲"义气"，过分地讲"义气"，并不是一件好事，很可能被别人利用，甚至与坏人一起走向犯罪道路。这样的事例只要打开报刊就可以找到，不需笔者多举。

三、码头文化的巫术色彩

重庆远离中原，历史上远离中华文化的中心，受正统的儒家文化的影响相对较少，巫术文化也就相应盛行。重庆有巫山、巫峡，还有巫山县、巫溪县，就是明证。另一方面，重庆历史上曾经居住过多种少数民族，僰人、僚人、巴人等都曾长期居住，至今还有大量的土家族、苗族等少数民族居住。少数民族的巫术文化对重庆传统文化的影响也就不可忽视。码头文化是一种低俗文化，更加接近下层社会，受巫术文化的影响也就更大。反过来，码头文化对上层文化也产生了不可忽视的影响，因此，重庆传统文化中的巫术成分相对于其他城市就更加浓厚。

川江水急滩险，行船时有危险。且不说三峡险滩，就是重庆城边的河水，也经常打烂船。临江门河边原有一四四方方的大碛石，叫豆腐石。豆腐石上游有砖码头、石灰码头，当年不知有多少木船撞到豆腐石上而粉身碎骨。笔者小时候就多次目睹过那惨祸，至今还时不时做噩梦。有一年发洪水，只见一条运砖的木船从上游来，要在豆腐石上面的砖码头靠岸。十来个船夫一起划桨，号子喊得惊天动地。可那水太急，船未靠上码头，便撞到那豆腐石上，只听得咔嚓咔嚓几声响，那船顷刻不见踪影。船夫一个个落水，死的死，伤的伤，活着的被冲到千厮门下面，才被救起。

自然条件如此恶劣，人们只好求助于神灵和巫术。管它是哪路神仙，管它是否有用会否显灵，人们见神即拜，见仙即求。儒、道、佛、神、鬼、仙、和尚、道士、观花婆、关公、城隍、观世音、祖宗、墨师、文化人……码头上的人都信，都敬，都拜，都给予香火，都求之于平安。以民国向楚主编的《巴县志》所列为据，仅重庆老城之内，就有各种各样的庙宇四十余处。至于石刻之类的神龛佛像土地祠，更是无法计数。这种不讲"宗派"（其原义是宗教派别），甚至不讲宗教的做法，实际上就是巫术。龙王庙是什么"教"？镇江寺是什么"教"？丰都鬼城是什么"教"？谁能说得清楚？就连大足石刻，那佛教中也浸润了诸多儒教、道教的内容，可称为"三教合一"。永川就有一个三教镇，其附近的庙宇和石刻就呈现出三教合一的特征。

码头上禁忌特别多。船家忌说"十四"（谐音"失事"），忌说"倒""沉"等字词，忌打烂碗，忌用汤泡饭,忌煎鱼吃鱼时翻面,忌在船头大小便……船帮有"王爷会",敬祀龙王爷,因而有龙王庙。船帮规定,农历六月初六,任何人不得行船,打鱼的、放排的、驾船的、拉纤的,都要去祭祀龙王爷。农历腊月底,船帮还要请造船的掌墨师在船头杀鸡敬祀,观察凶吉,祈求来年水上平安。

虽说如此,神也好仙也好佛也好,都难以保佑平安。洪崖洞下,嘉陵江边原有镇江寺,本是用来"镇江"保平安的,哪知"大水冲了龙王庙",反而多次被洪水冲毁。重庆解放后,政府大力整治航道,炸毁了不少江中江边的碛石和险滩,加上轮船增多,木船逐渐被淘汰,才使海难事故的发生率大幅度下降。如今,只要认真遵守安全制度,按规定程序操作,是完全可以避免诸如打烂船之类的重大海难事故的。20世纪90年代,我经常乘客船来往于望江厂与朝天门,有一次见那船头上竟然绑着一只鸡头,问船老板,说是求平安。可那船偏偏严重超载,那鸡头能保住平安吗?

不过,码头文化中的巫术成分却留存下来,一直影响着当今的重庆人。其表现为:一是见神即拜,见仙即求,也不问是何方神灵,更不知其是否与自己所求对路。二是禁忌特别多,什么话不能说,什么事不能做,自己并不懂得,只要老年人说过就一律遵守。三是信奉化煞之法,买房子搞装修要讲风水,门外要挂"照妖镜",屋里要供财神。偏偏很多人又不懂,例如某朋友家中供一财神(观音),却让其面向厨房面向饭桌,犯了大忌。观音清净无瑕且戒荤腥,怎能一天到晚盯着你的大鱼大肉,闻着你的荤腥油烟?

当然,巫术中的一些音乐、舞蹈、图画之类的带有艺术性质的东西留了下来,对重庆文化也产生了良好的影响。土家人的摆手舞和花灯就带有巫术舞蹈的成分,是对巫术舞蹈的继承和发展,如今已经成为重庆重要的非物质文化遗产。

四、码头穷人的坚忍顽强

与重庆城内商业街市的繁华相比,城外的码头却相当贫困、相当破败。码头上也有有钱人,例如商人、把头之类,但极少,大多数都是穷人。码头穷人可以分为三大类,一是船工纤夫,二是搬运夫,三是其他贫民。

四川盆地河道纵横,各处水文不同,航道各异,行驶其间的木船也造得各种各样。有种叫遂宁船的,船体窄而长,适用于小河。涪江自四川遂宁而来,因而又叫遂宁河,经合川而入嘉陵江,航道窄而浅,一般船只难以驶入,遂宁船正好适应了其特点。船大多用柏木建造,用桐油浸过,用竹麻扎缝,舱深不足一米,桅长可达数丈,大多有篷。船家住船尾处,用鼎锅煮饭,睡船板而已,生活异常艰苦。

船工纤夫是码头上的"流动人口",居无定所,常年行走于与重庆通航的大小码头。即使在重庆建立了一个家,也很少住在家中。木船缺乏动力,下水可搭流水。如果水流太缓,或者要赶时间,也要人划桨。船老板(不一定是真正的老板)掌舵,满船人(往往是一家人)一齐动员,喊着号子,那桨一起动,才能将船划走。若遇激流,若要闯滩,若欲靠岸,牙齿要咬紧,脚杆要蹬直,吃奶的力气也要拿出来才行。"船老板吃的什么菜——咸菜!"这样的号子喊得震天动地。川江号子乃重庆一大文化遗产,后来竟登上了大雅之堂,20世纪90年代初还在巴黎一个民间音乐大赛中得过金奖。殊不知,那是船工们在生死搏斗中喊出的最强音。

最恼火是上水。若有风,扯上篷,自然惬意。若无风,只有拉纤。纤夫是"死了没有埋的人"。夏天,赤裸裸光条条的,蹬一双烂草鞋,搭一根烂头帕;冬日,穿一件疤上重疤的烂长衫(俗称衲坨),连内裤也不穿。不时要下到水中,便将那长衫的前后襟撩起来,搭到肩上,让那冰寒的江水像蛇一样咬那两条赤裸的大腿。若遇险滩激流,纤夫便四肢伏地,巴不得那嘴也能咬住岩石。那纤绳勒进肩胛,把骨头都要勒断,哪像流行歌曲唱的那般"荡悠悠"!

正是这样艰苦卓绝的生活锻炼了船工纤夫,使他们的意志坚忍而顽强。虽然他们"水流沙坝"(重庆方言,指人行为粗鲁,说话粗俗),却是他们托起了重庆,使一个边远的军事重镇发展成一个工商业大都市。他们的坚忍顽强甚至影响了后来才有的轮船船工。卢作孚创建民生公司,在外有洋人欺压、内有军阀勒索的情况下发展起来,没有一点儿坚忍顽强精神显然是不可能的。抗战初期,民生公司抢运西迁物资,号称"中国的敦刻尔克",成为重庆历史上光辉的一页。

旧时,重庆城的搬运夫是一个相当庞大的群体,包括码头的货物搬运、肩舆行的轿夫、挑水夫、建筑工人等等。例如挑水夫,估计就有近万人之多。20世纪30年代后期,重庆才有了自来水,但一直供应不足,要靠挑水夫从河边往城里挑水。那时,小什字一带的人吃水用水都要从千厮门河边挑上来,于是就有了水巷子,那水巷子至今还留存着一段。有一张旧照片,就是成群结队的挑水夫在朝天门码头上挑水,那场面令人震惊。笔者的父亲也干过挑水的工作,是从临江门河边挑到新生市场(现解放碑附近),180斤一挑水,挑一次的力钱可以买到三个烧饼。抗战时,徐悲鸿来到重庆,为挑水夫的苦难和精神所感动,还专门画了一幅著名的国画,并题诗:"忍看巴人惯挑担,汲登百丈路迢迢。盘中粒粒皆辛苦,辛苦还添血汗熬。"

笔者的父亲母亲都当过码头搬运夫,笔者小时候也常给母亲"打薄"(搬运工行话,意即帮其减轻一点负担),下过力。从临江门河边挑砖挑瓦进城,那城门洞坡坡一天不知要爬多少回!母亲年轻时力气大,一挑总要挑两三百斤,挑砖就要挑四五十匹(16匹合100斤)。挑到要天黑时,人也累了,肚皮也饿了,那担子仿佛更重了,脚发颤,腰发软,要爬上最后那一坡梯坎,没有一点儿意志力肯定是不行的。

笔者的父亲从合川乡下来到重庆,向搬运行帮缴纳了押金(相当于农村的押佃),好不容易才在临江门石灰码头落下脚,当上搬运夫。重庆解放前一年夏天,父亲生病"打摆子"(疟疾),实在不能出工。按行帮规定,如果"轮子"到了不去搬运,便失去一次找钱的机会;若三次不去搬运,便要被行帮开除,要打破饭碗,那押金还要被没收。母亲只好去顶起。那时母亲在大川银行一职员家当保姆,只有抽时间去挑货。晚上不能睡(要照看别人的孩子),白天又匆匆忙忙(还要给父亲熬药),还要去挑货下力,其劳累可想而知。有一次,母亲挑砖进城后返回码头,一脚踩虚,从一梯坎上栽下来,跌得头破血流,头上留下的疤痕直到去世都还在。

码头上还有不少做小生意的人、靠给别人洗衣为生的人,甚至还有不少叫花儿、流浪汉。他们和船工纤夫搬运工一样,同样在贫困中挣扎,在生死线上搏斗。旧重庆从事洗衣的人相当多,几乎都住在临江的城门外。洪崖洞就有好几十家。笔者的父母从合川乡下来到重庆,就住在洪崖洞一亲戚家里,那亲戚就是靠洗衣为生的,父母也跟着他们洗过衣。那时,洗衣相当辛苦。脏衣物收回来,先在家里洗头道,用肥皂水泡,然后揉搓刷洗,还得注意衣物是否脱色。洗衣人家里凡是要劳动力的,特别是女子,天不亮就得起来洗。一字摆开几个大脚盆,肥皂水热气腾腾,那碱味弥漫在陋巷里。一直忙到大半上午,然后用背兜背到河边去清洗。洗衣人的那双手一天到晚泡在肥皂水和江水中,拇指被磨得尖尖的,露出嫩肉来,一碰到就钻心地痛,但还得不停地搓啊洗啊,其滋味可想而知。

最惨的是那些无家可归者。重庆解放前,朝天门外有一条小巷叫黑巷子,黑巷子里有一吊脚楼叫"十二楼",那楼下有一个大粪坑,竟成为许多无家可归者的栖身之处。1948年的冬天特别冷,一场大雪,不知冻死了多少人!那时笔者的父母住在临江门,据他们说,那一号桥(当时尚未完工)下,到处是死人,惨不忍睹。

笔者从小住在码头上,与码头上的各种各样的人都有过接触,既知晓他们身上的优点和长处,又了解他们的弱点和短处。勤劳、坚忍、顽强、善良和懒散、胆怯、短视、爱恶作剧交织在一起,形成一种特殊的性格特征。这种性格特征在大多数重庆人身上也可以找到,可以说他们也是重庆人的代表。

随着经济的发展,机械化程度的提高,木船运输已经从重庆人的视野中消失。从20世纪中期开始,重庆的码头就开始衰落。首先是临江门、东水门码头,然后是千厮门、望龙门、南纪门码头,相继荒废。虽然那江边依然停靠着各种各样的趸船,却很少有人来人往、货进货出的情景了。滨江路一修,彻底改变了重庆城老码头的面貌。如今,当年的那些码头早已名不副实。随着旧城改造步伐加快,旧日码头街市的遗址也难以寻觅了。

不过,重庆毕竟有这么多通航的江河,不加以充分利用也太可惜了。况且,三峡工程修建起来后,为重庆的航运事业带来前所未有的机遇。事实上,在旧码头破败的同时,重庆已经建起了一大批先进的现代化的码头(港区),并且还将建设更多的诸如寸滩集装箱码头之类的现代化码头。目前,仅仅一个果园港的吞吐量,就已经是过去重庆所有码头吞吐量的几十倍!

在诸如果园港那样的码头上,你看不到人挑肩扛,你听不见下力人的号子。那才是"大吊车好气派,成吨的钢材轻轻一抓就起来"。码头上,集装箱堆积如山,龙门吊驶来驶去,绞车和卷扬机的传送带输进输出……现代化的码头当然也有其自身的文化,但那已经不是我们所说的码头文化了。

几百年时间形成的码头文化已经浸润了一代代重庆人,已经融入到重庆的文化传统中,成为重庆人的一笔财富。特别是码头文化中的坚忍顽强的品格,更值得我们继承和发展。今日,当我们漫步在灯火辉煌的滨江路上时,对我们的先辈创造的业绩仍然应当充满敬意,而不可妄自菲薄。

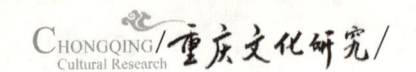

巴蜀译翁杨武能：翻译家，歌德学者，作家，永远讲不完的故事

任竞

（重庆图书馆）

84岁的杨武能，比起外界对他身份的认知，诸如德语翻译家、歌德学者等，更喜欢"巴蜀译翁"这个年届耄耋开始使用的笔名。在我眼中，他是一位"一世书不尽"的传奇人物，是文化大师，是译坛巨擘，让后辈晚学望尘莫及；在我心中，他亦是农民的孙子、工人的儿子，是真性情的"重庆崽儿"，是忠诚的老共产党员，是永不停歇的跋涉者……

一、机缘巧合，初识重庆籍德语翻译家

原沙坪坝区文化局副局长杨武华跟我相识多年，一次机缘巧合下，他自豪地向我谈起家族的来历。"杨家族谱上写着，我们是北宋著名将领杨老令公杨业的后人，杨业是文学作品《杨家将》的原型人物，至于我们是他的多少代孙，我也说不清楚，但几百年前，家族祖先确实是从外地迁到武隆县江口镇。"从杨武华的介绍中得知，杨家7个兄妹，家中大哥叫杨武能，是享誉世界的著名德语翻译家，出版了许多译著和著作，保存了大量的手稿。见重庆图书馆位于沙坪坝区的新馆运行良好且社会影响力颇大，杨武华询问我重图是否愿意收藏他大哥的译著和手稿等文献，如有此意，他便跟大哥沟通商议能不能将这些珍藏捐赠给图书馆。通过他的介绍，我结识了定居德国的杨武能教授。数月后，重庆文化代表团出访德国，重庆图书馆副馆长张波受我所托，准备前往杜塞尔多夫亲自拜望杨教授，看能否有机会向这位文化名人发出请他入驻重庆图书馆的诚挚邀请，以鼓舞山城弟子的自信、自强、自尊精神，为巴渝大地之地灵人杰提供一个新的、实实在在的佐证。殊不知，杨武能虽贵为名人，却毫无架子，也不讲究那些虚礼，只说准备近期回国，不用专程来访，并与我约定回国后见面再叙。

杨武能回国后，我与杨武华相约从重庆乘动车前往成都，在杨武能位于川大的家中与他首次见面。虽是初见，我们早已通过电子邮件前后通信几十次，一见面就如老友般侃侃而谈。这位精力充沛、思维敏捷、学术渊博的老者给我留下了十分深刻、美好的印象。"1938年，我生于重庆十八梯下的厚慈街，祖父是农民，父亲是工人。新中国诞生的1949年，我小学毕业，却因家庭贫困没有得到升入初中的机会，沦为'失学少年'。幸运的是，在党组织的关怀下，第二年考上了包吃包住还不收学费的

重庆育才学校。"杨武能云淡风轻地回忆着儿时岁月。"我初中时的梦想是当一名三峡水电站的电气工程师,投身共产主义建设。哪晓得,先天色弱,体检不过关,不能学理工科,只能学文科。幸运的是,高中考入重庆一中,确立了新的梦想——成为俄语文学翻译家。在西南俄文专科学校学习俄语2年后,由于中苏关系恶化,中国俄语人才过剩,只得东出夔门,转学到南京大学改学德语。"一次次命运的重要转折中,杨武能好像乘着一叶扁舟在人生长河中历经波折,虽过程坎坷却百折不回、勇往直前。面前这位个子不高的老教授,如他自己所言:"自幼习惯爬坡上坎,忍受火炉炙烤熔炼,练就了强健的身板筋骨,养成了坚忍的性格、倔强的脾气。"

正是这次见面,基本达成了将杨武能译著、手稿、书信等资料捐赠给重庆图书馆的初步意向。意向初定,杨武能随即启程返回德国,我也回到重庆开始紧锣密鼓地筹备在重庆图书馆创立特色"馆中馆"——杨武能著译文献馆。

二、文化盛事,创立杨武能著译文献馆

杨武能作为学者和作家,更是继郭沫若和冯至之后中国第三代歌德研究家和翻译家的杰出代表,半个多世纪以来,孜孜不倦,持之以恒,以非凡的毅力和精力,译介德语文学经典达六七百万字,迄今出版各种版本的译著100余种,包括11卷本的《杨武能译文集》,集其大成,使他成为第一位健在时即出版十卷以上大型个人译文集的文学翻译家。他主编和担任主要译者的14卷精装本《歌德文集》是中国第一套大型歌德文集。

杨武能著译文献馆收藏、陈列着杨武能从20世纪80年代以来的各种著译版本数百种,并展示了其具有代表性的手稿和墨迹,以及与文坛学界师友的往来信函,其中与钱钟书、冯至、季羡林、王蒙、杨绛、马识途、绿原等文学大家、学者名流的亲笔书信更为珍贵。这些珍贵的文献展示了杨武能在中德文化交流和德语文学译介与研究方面做出的突出贡献,让文献馆成为一个能够让人含英咀华、汲取知识的学术殿堂。

这些珍贵的展品和文献,是怎么来的呢?谈起来,这是一段让我至今都十分感动的回忆。这样一位译坛巨匠、杰出学者,从事翻译研究半个多世纪以来,收藏了多个版本的德语著译,积累了海量资料,不仅学富五车,更是坐拥书城。早在2011年,从事翻译教学五十周年之际,杨武能就曾把与歌德研究相关的大批书籍捐献给母校川外(前身为西南俄文专科学校),以支持学校建立"杨武能图书文献资料馆"。并在此基础上倡导川外创办了我国首个歌德研究所。近几年,随着年事渐高,他考虑得更多更久远,最后被我们的诚心打动,决定在有生之年把自己多年来的作品和相关资料悉数无偿捐赠给重庆图书馆,使这些文学明珠绽放更璀璨的光芒。

一部部作品、一页页手稿、一封封信函,是这位耄耋老人的毕生所学和智慧结晶。德国总统颁授的"国家功勋奖章"、联邦德国学术大奖"洪堡奖"、世界歌德研究领域最高奖"歌德金质奖章"和中国译协"翻译文化终身成就奖",是他的传奇故事的最好证明。当我第二次带队赴蓉,准备将这些文

珍宝和文学明珠带回重庆时,得到了杨武能夫人——王荫祺女士的热情帮助。她不仅将捐赠物品悉心整理好,还亲自接待我们,领着我们去杨武能的另一处藏书之所。我与外表柔弱、举止娴静的王女士交往不深,杨武华介绍她是北外德语系高才生,更是杨武能的得力助手,"可以称得上是一位非凡而伟大的中国女性"。

文献馆近三年的筹备期里,杨武能不辞辛苦,数次往返成渝两地,多次到馆就著译文献馆的建设讲述自己的设想,他严谨细致、一丝不苟、精益求精的态度令我们动容,更值得我们敬佩和学习。2015年10月12日,重庆图书馆举行了隆重的杨武能著译文献馆开馆仪式,来自成渝两地、南京、武汉、河北、湖南乃至海外的德语研究界学者,文化界、出版界知名人士亲临现场。著名作家、百岁书法家马识途先生亲笔题写了馆名"杨武能著译文献馆"。杨武能从重庆走出去最终又回到了家乡,将一生的重要收藏托付给重庆图书馆,为重庆对外文化交流与合作牵线搭桥,对延续地方文脉、展示城市精神大有裨益。

三、钟灵毓秀,孕育巴蜀文旅走廊明珠

习近平总书记提出,要推动成渝地区双城经济圈建设,在西部形成高质量发展的重要增长极。杨武能作为出生于重庆,茁壮于成渝两地的知名学者,晚年自号"巴蜀译翁"以体现自己的家国情怀。2020年9月,杨武能著译文献馆进行了升级改造,孕育出了巴蜀文旅走廊上的一颗明珠——巴蜀译翁文献馆。该馆以"新中国新时代成就我一生书不尽的传奇"为脉络,通过三大主题区展示了杨武能求学、工作、生活及他对中西方文化交流起到的重要桥梁作用,展现了成渝两地共同推动文化互鉴的成果,为我市打造巴蜀文旅走廊提供了深厚的人文积淀。

从初识杨武能到巴蜀译翁文献馆揭幕,与这位文化名人的交往过程着实带给我数次"意外"。第一次"意外",当时还在通过电子邮件与定居德国的杨武能联系,随着我们对彼此了解的深入,没曾想我与他的大女儿杨悦女士还有一层关系。杨悦是一位非常成功的企业家,也是我大学同窗的好朋友,这使得杨武能跟我的联系更进一层,自然后续沟通也更加方便顺畅。第二次"意外",当杨武能著译文献馆即将落成之时,他终于选择定居重庆,落叶归根,准备将川大的全部家当搬回重庆。得知他的决定,我能做的,除了带着对他的敬意和惊喜全力支持以外,别无其他,随即为他珍爱的红木家具和其余珍贵藏书安排返渝运输。一辆大货车满载着老人的无私大爱和故土情怀,离开了他生活工作近30年的成都,驶向他出生的地方——渝中区,驶向他祖辈扎根的老家——武隆。如果说前两次"意外"可以称为惊喜,第三次"意外"则让我不胜唏嘘。杨武能的亡妻王荫祺女士,当我得知她在德国被查出胰腺癌晚期,向家人立下了希望捐献遗体的遗嘱时,那柔弱、娴静、善良、亲和的形象在我脑中挥之不去,转而变得刚强坚毅。提到那次"重大决定"宣布的时刻,"王荫祺斩钉截铁地告诉家人,她想将遗体无偿捐献给国家,做医学研究之用。这是我记忆里最特殊的一次家庭会议。"杨武能说,妻子说出的每一个字都紧扣在他的心头。中共党员、唯物主义者杨武能在爱妻长眠后,随即也提交

了自己的遗体捐献申请。杨武能夫妇此番义举让我恍然大悟：捐献遗体和捐赠文献虽形式不同，却意义相通，他们"捧着一颗心来，不带半根草去"，生前抱着满腔热忱教书育人，生后奉献一切回馈社会、回报家乡。第四次"意外"，源于杨武能在简朴和舍得之间的巨大反差。说回巴蜀译翁文献馆揭幕仪式，杨武能身着得体的深色西服，内搭绿松石色衬衫，在一众身着正装的来宾中，彰显出不凡的审美与气质。我半开玩笑地问他："这身西服非常符合您的学者风范，是不是在德国的高档服装店里私人订制的？"他轻描淡写中带点儿顽皮地一笑："谢谢夸奖。这是我在家门口的夜市摊上买的，一套才花费不过100元。"就是这位生活极其简朴的老学者，他的内心和精神世界却是那么的富足，不仅将他的珍贵藏书、众多译著连着毕生成果捐赠给重庆图书馆，捐赠给他的母校一中、川外，还捐给了他的老家武隆，并出资成立了杨武能奖学金，奖励武隆当地品学兼优的初、高中学生。他是钱太多用不完吗？不是，他是毫不吝惜地将钱用在有价值之处，为了肯定和鼓励优秀学生，同时也激励更多学子奋发向上、努力学习。第五次"意外"，则是一次特殊的党课。2020年，在重庆图书馆和重庆市歌剧院联办的主题党日活动上，这位老教授为大家带来一场别开生面的党课，他用生动幽默的语言分享了自己的奋斗成长经历与爱国爱党情怀，老党员的赤诚初心也感动了现场的年轻党员们。"70年前的失学少年，靠着人民助学金成长为新中国享誉世界的翻译家，这难道不算奇迹？这难道不够传奇？毫无疑问是中国共产党，是新中国造就了我。没有共产党，就没有新中国，就没有巴蜀译翁杨武能。"

四、老骥伏枥，以格林童话返老还童

《格林童话》伴着一代又一代人长大，将这部经典带到国内的正是杨武能。他是新中国成立后《格林童话》第一个全译本的译者，堪称德语翻译界的泰斗。他在60余年的翻译生涯中，收获了无数奖项与荣誉，借由翻译，他架起了一座中德文学交流的桥梁。在这位中国翻译家最高荣誉获得者的心中，自己做的事情远远没有到"终身成就"的程度。投身翻译事业一个甲子，他翻译了很多经典著作，而翻译《格林童话》对于他来说是"返老还童"的一件事。

重庆图书馆依托巴蜀译翁文献馆中珍贵的《格林童话》馆藏，全力打造的"格林童话之夜"作为全民阅读活动创新品牌，曾获国际图联国际营销奖提名，不仅是重庆的文化热点、文化名片，在国际文化交流的过程中，也搭建了重庆、中国与世界的文化桥梁。"格林童话之夜"活动自2017年首次举办以来，已连续举办六季，以世界名著《格林童话》为主题，以文化名人巴蜀译翁杨武能为主角，以重图馆藏文献为主体，以亲子阅读为主线，以阅读推广为主旨，力求用亲子阅读带动全民阅读，推动书香重庆建设，努力实现公共文化服务的全民共建、全民共享。

《格林童话》的译者和研究者——翻译家杨武能，每次都亲临现场为活动站台，成为最受小读者喜爱的"翻译家爷爷"。耄耋之年仍继续工作的他说："为什么是终身成就奖呢？这还不是最后呢，对于我自己而言，没有结束，这次得奖的翻译家里面，我是最年轻的，我才80岁。"杨武能认为，生命在于创造,创造为了奉献。他的理念从一开始就是翻译经典名著,"希望奉献给广大读者优秀的翻译文学,丰富他们的精神世界,丰富我们国家的文学宝库。"

"返老还童"的杨武能一时兴起给自己取了个号,叫"巴蜀译翁"。译翁者,做了一辈子文学翻译的老头子也。颇具幽默感的老学者,六十载从译路,归来依然是"少年"。他认为自己一点都不老,或者说他一点都不服老。

2022年6月,在杨武能和重庆图书馆的共同努力下,国内第一家西学书院——译翁书院在馆内正式揭牌。译翁书院兼具讲学和文化交流两大职能,书院的成立既实现了杨武能一直以来融通中外文化的夙愿,同时也是巴蜀译翁文献馆文化服务向纵深发展的成果。随着年龄增长,杨武能越发觉得应该把自己的学术研究成果用起来,充分发挥它的作用,"不然哪对得起自己的宝贵生命,哪对得起父母、师长的教导,哪对得起党和国家的栽培。"

2021年,为了让读者了解他翻译背后的故事,杨武能开通了微信公众号和新浪微博,时常在新媒体平台上与读者交流互动。除了玩新媒体,他还在为实现许多梦想而继续"折腾":为了年少时想成为音乐家的梦想,84岁高龄的他拜师四川音乐学院教授,准备系统学习声乐,希望在不久的将来开一场中、德、俄三语个人演唱会;为了让格林童话为孩子们送去"温馨",他不辞辛劳亲自编写格林童话杂技魔幻剧的剧本,努力组建格林童话艺术剧院,几经挫折仍不放弃;为了让我们的国民"多读书、读好书、好读书",他在孔夫子旧书网上开了家书店,努力推广《浮士德》《魔山》《海涅诗选》等经典译著和《格林童话》《永远讲不完的故事》《胡桃夹子》等儿童读物。

杨武能,经历过半个多世纪的淬炼、奋斗、拼搏,扛住了风风雨雨、坎坷磨难,仍不忘初心、牢记使命,用自己的辛勤耕耘践行翻译家必须同时是学者和作家的主张与理念。歌德学者,著译等身,拒绝把成就和殊荣归因于个人,而通通归功于我们的党、国家和人民,归功于新中国新时代。"重庆崽儿",古来圣贤始少年,源于根脉的自信和倔强,敢于批评"只有民国才出大师"的说法,用艺术创造精神再现原著的文学美质,影响一代又一代的人。巴蜀译翁,学无止境,译无止境,"离百尺竿头差距不小,要更进一尺谈何容易;然而,虽不能至,心向往之",年已耄耋还在文艺融通和文化互鉴之路上不断跋涉前行……

周利的京剧人生

王美木

（重庆市文化和旅游研究院）

"如果京剧演员都跑到北京去的话，那请问地方上怎么发展？都集中在北京，演员是出不来的，所以我觉得地方上更需要京剧，更需要这种文化的熏陶，我们地方上的老百姓更希望看到国粹艺术。所以我觉得作为一个年轻人，我又是干这个专业的，我也是戏剧工作者，我应该更有责任和义务在重庆把京剧传承和发扬好。"

这是2013年8月，周利刚刚摘得梅花奖不久，接受新华网"人物专访"时说的一段话。

至今已快十年了，周利"扎根重庆，不忘初心"。

图1 京剧《张露萍》成功演出，周利谢幕　摄影：王美木

实至名归

"周利得奖是实至名归。"第二十六届中国戏剧梅花奖大赛评委会主任、中国戏剧家协会秘书长崔伟在接受采访时这样说道。他认为周利的艺术条件非常好，念唱做打都很不错，特别是剧中第五场戏，张露萍夜晚跳窗送情报，周利演绎了一段昆曲演唱和大段的翻身、圆场、卧鱼等戏曲程式动作，不仅展现了她高超的技艺，更给人以美的享受。

图2 第二十六届梅花奖颁奖典礼 摄影：重庆京剧院

2013年5月20日，第二十六届梅花奖颁奖典礼在四川省成都市东郊记忆文化中心隆重举行，而重庆戏迷早已抵达现场，并接受了采访，"一直都觉得她很刻苦，不然也不会有今天，祝贺她""我们最喜欢看周利的演出了""你演到哪里，我们都来给你扎场子""希望她再接再厉，拿二度梅"……

当周利出现在颁奖典礼的红地毯上时，受到在两旁等候的戏迷的热烈追捧，握手、问候、合影、采访、欢呼……"你演得太好了，你演的《张露萍》比电视版的《潜伏》还精彩！""太好看了，唱得也好听，我们可以和你合影吗？"一群学生脸上写满了崇拜，很快挤到周利身边开心地合影……

周利接受采访时说："从艺十多年来，这是个阶段性的总结，也是今后的新起点，未来一定再接再厉，再出好的作品……"

颁奖典礼上，周利领唱了《美丽中国》。更具意义的是2013年正好是梅花奖创办30周年。

关于梅花奖30周年，周利谈起了梅花奖的评选机制。中国戏剧梅花奖是中国戏剧表演艺术最高奖，自1983年开始每年一评，2005年以后变成两年一评，评选由各个单位先推荐剧目到地方剧协进行申报，然后再推荐到中国戏剧家协会，专家组通过看录像的形式确定评选名单，接着在现场观看演员的演出，得出最后的评选结果。

倘若我们对梅花奖还有些陌生，那么这些影视演员你一定不会陌生，他们也曾是梅花奖的获得者：张国立、朱茵、王学圻、宋丹丹、杨立新、濮存昕、李雪健、梁冠华、张丰毅、倪大红、冯远征、孙红雷、袁泉等。

周利在接受采访时，回忆道："能获得梅花奖我当然开心，更是激动，但这也是全团共同努力的结果。崔伟老师以'实至名归'作为对我的总结，也是他对我们这个戏的期望与肯定。《张露萍》没有样板戏的高大全，但却更人性化，对人物内心世界的刻画更多，能打动观众，加上整个舞美、乐队都很用心打造，所以人们对我们这个戏的评价比较高。"

"明天的人间很美很美,明天的百姓喜笑颜开……"谈到当年的参赛剧目现代京剧《张露萍》时,周利不经意间清唱了这段。

好事成双,获得梅花奖后不久,同年,周利主演的京剧《三打陶三春》,获得在法国巴黎举办的第六届中国传统戏曲节的最高奖"塞纳大奖"。"完美的剧本,精彩的演出",这是由5位法国戏剧专家和汉学家组成的评委会的评价。

十年磨剑

前十年,后十年,周利的进步年复一年。京剧理念深化、舞台经验积淀、教学传承实践,唯有对京剧的热爱不变。

从2001年以京剧《昭君出塞》第一次参加全国比赛,到2011年京剧《张露萍》的首演,已是十个年头。

2011年,为庆祝建党90周年,周利主演了现代京剧《张露萍》,演出得到了专家的认可和观众的欢迎。

图3　2011年6月28日,《张露萍》在重庆首演　摄影:王美木

图4　2012年11月28日《张露萍》在重庆龙凤呈祥大剧院演出　摄影:王美木

2012年,《张露萍》获得了第六届中国京剧艺术节参演剧目奖。

2013年,《张露萍》获得第二十六届中国戏剧梅花奖。剧团回重庆后,《张露萍》多次在重庆上演。"以前总觉得看不懂京剧,今天完整看完了现代京剧《张露萍》,觉得挺好看,我完全看进去了,不呆板,情节紧凑,很有意思……"一位姓杨的年轻人兴奋地说道。

《张露萍》结合了很多尚派的风格与表现特色,文武兼备。第五场戏,张露萍夜晚跳窗送情报,编排了一段昆曲演唱和大段的翻身、圆场、卧鱼等戏曲程式动作,以表现出张露萍勇敢、机智的人物个性。

图5 《张露萍》第五场 摄影:王美木

第七场戏中,"天要黑了,心儿静了……"这一段设计了大段唱腔,也是此剧的核心唱段,有24句唱词,老腔新唱,不失尚派韵味,更是唯美动情。

图6 《张露萍》第七场 摄影:王美木

第九场戏是高潮终结场,音乐加以京歌的形式,唱出:"明天的人间很美很美……"张露萍给小狱花讲述明天,是点睛之笔,舞美主要为聚光灯,让观众的注意力全放在张露萍身上,此时可谓无声胜有声,观众甚至能感受到张露萍此时的呼吸和心跳。

图7 《张露萍》第九场 摄影：王美木

《张露萍》符合当下的审美，妆面是民国时代的打扮，音乐加有交响乐的元素，能带给观众新的视听感受。加之尚派剧目很多是塑造的女侠客、女英雄，周利最终选择用《张露萍》参加梅花奖大赛。从2013年周利以《张露萍》摘得梅花奖至今，很快又是一个十年……

小说·京剧·动漫

当初，朋友给周利推荐了2003年出版的《七月里的石榴花》一书，讲述的就是张露萍忍辱负重，打入军统内部获取机密情报，被捕后，不仅受到敌人的折磨，还受到狱中同志的误解。但她至死未暴露党员身份，年仅24岁英勇就义，直到20世纪80年代才洗清冤屈。

周利被书中的青年女英雄张露萍深深打动，当即就自费请人写了剧本，后来团里知道此事，更是鼎力支持，之后周利还得到了很多朋友的支持和帮助。最终才有了改编自张泽石所著小说《七月里的石榴花》的现代京剧《张露萍》。

几年后，在中共重庆市委宣传部、中共重庆市委党史研究室的组织指导下，四川美术学院着手分辑创作《重庆红色故事绘本》系列丛书。《张露萍》从京剧首演到2021年新书出版，整整过了十年。四川美术学院将其原著改为卡通、动画的形式，用60幅图画，配以不多的文字，重现了革命英雄张露萍的故事，更贴合广大青少年读者的审美与阅读习惯，书名为《张露萍：七月里的石榴花》。

可见，文学与戏剧之间那微妙关系，小说是京剧剧本的源头，有了舞台的呈现，让其适合年轻人看的动漫版本的《张露萍》更生动形象、让人难忘。

该书的编辑出版，能将红色革命故事通俗地呈现出来，具有较强的吸引力和传播力。有助于大力弘扬社会主义核心价值观，对传播红色故事、传承红色基因、发扬红色革命精神具有重要的价值和意义。

图8　京剧《张露萍》第一场　摄影：王美木

事成有因

1976年6月19日，周利在重庆出生。小时候喜欢唱唱跳跳，更喜欢舞蹈。父亲曾带她看过京剧、川剧，她虽然对戏曲不了解，但也并不排斥，反倒对戏曲里的古装扮相很有兴趣，觉得古装好漂亮，扮上古装也挺好玩。之后就在渝中区文化馆学习曲艺，正巧赶上重庆艺术学校招收"插班生"，在父亲的建议下，她参加了考试，很顺利就被录取了，虽然没有圆舞蹈的梦，但如此顺利地考上艺校，她很是开心，感觉今后的戏剧之路，挺神秘的，戏剧对她来说虽然陌生，但还是有吸引力的。

1987年9月，周利的京剧人生正式拉开帷幕……

戏曲练功是很苦的，很多学生在练习中几乎都有过拉伤，而周利的个性特别要强，对自己要求很高，甚至是苛刻。在她才进艺校不久，早起练晨功时，由于压腿用力过猛导致大腿韧带拉伤，休息了1个月。1990年又是在练习时，她从两米多的高台上摔落在地，导致右手手肘处骨撕裂，休息了3个月。

1989年，13岁的周利第一次登台主演的剧目是《扈家庄》，勒头会头晕、盔帽沉重，这些都是所有京剧演员的"家常便饭"，而紧张感就各有不同，要靠自己调节。有的面对台下众多的观众更加紧张，表演时有些缩手缩脚，有的会因为观众很多，反而更加亢奋，利于表演，周利应该属于后者。

回忆在艺校的那些日子，周利说："最艰苦的是坚持，永不放弃的这么一种精神。再苦再累我必须得把这遍功练完，十遍当中哪一遍练不好我再从头来，就是台上一分钟，台下十年功。自己太要强，总想比别人做得好。至今我仍是对自己高要求，只有练好扎实的基本功才能在舞台上大放异彩。但是做任何事情都必须一步一个脚印，那两次受伤，还是当初有点着急了，平时的积累很重要，但也不能拔苗助长。作为一个京剧演员把京剧练好以后，对我们来说，像唱歌、跳舞、包括演电视剧等，应该都会更容易一些,影视、戏剧是相通的……"

很早以前,周利就接触过京剧以外的行业,在她10岁的时候,就跟蒋雯丽等电视剧组人员去康定拍过《跑马溜溜的山上》。戏剧演员是多元化的,也需要多渠道打开思路和视野才能更好地把作品呈现出来。

周利也谈到学习戏曲的最佳时段:"一般来说,9岁到10岁是比较合适的,从中专开始学,戏曲要学7年,刚开始进去的时候什么行当都不分,都是练基本功、毯子功、靶子课,什么都学。后来根据各个小孩的条件,声音好的就往青衣发展,分了行当以后还得学剧目,所以我们中专学的时间比较长,要7年的时间。现在很多家庭特别期盼小孩有一技之长,3岁到4岁就让小孩学习戏曲,我觉得这个要因人而异,确实有天赋的小孩可以早早培养,如果小孩对这个不感兴趣的话,就不勉强。9岁、10岁的小孩,记忆力、理解力也会更好一些,此时开始接受戏曲童子功练习也更适合一些。"

1993年,周利以优异的成绩毕业后,分配到了重庆市京剧团。

没想到的是,周利这一批学生,成了重庆艺校京剧班的"终结者",周利"们"读过的京剧班,从此终结,之后艺校再没有办过京剧班。我问到后来京剧团的演员怎么来?周利说:"现在招收人才多数是在中国戏剧学院,还包括沈阳、天津、上海等地的学校,他们每一年都有大批的中专生、本科生毕业,我们现在基本上都是在外地招,也是双向选择。近些年招了不少江苏省戏剧学校毕业的、上海戏剧学院本科生毕业的,我们就是想多给他们一个平台。一方面是人才引进、人才培养,一方面是剧目传承。要有良性循环,有人才,有好的剧目,这个剧团才兴旺。"

在重庆京剧团工作后,周利陆续获得重庆市的一些奖项。1996年,周利主演的《穆柯寨》获得重庆市第一届专业艺术团体舞台艺术之星会演二等奖;1997年主演《卖水》获重庆市第二届专业艺术团体舞台艺术之星会演二等奖;2000年主演《探谷》获重庆市第三届专业艺术团体舞台艺术之星会演二等奖。

图9　1997年,周利参赛剧目《卖水》（重庆市文化和旅游研究院提供）

图10　2007年10月4日,周利在重庆沙坪剧院演出《卖水》　摄影:王美木

图11　2000年8月8日,周利在重庆实验剧场演出《探谷》　摄影:王美木

三个重庆的二等奖,就差一等奖了,周利说:"这反而给了我今后更大的动力……"

结缘恩师

1999年,经团里孙志芳、张长青等前辈介绍,周利有幸认识了"四大名旦"之一尚小云的亲传弟子、尚派第二代传人、陕西省京剧院的孙明珠老师,周利由此正式开始学习尚派剧目,孙明珠老师教授周利的第一出戏是《昭君出塞》……

2001年,周利第一次参加全国大赛——CCTV第四届全国青年京剧演员电视大赛,参赛剧目就是《昭君出塞》,获得优秀表演奖。同年还获得全国京剧优秀青年演员评比展演三等奖。

图12　2001年,周利在重庆实验剧场演出《昭君出塞》　摄影:王美木

2003年,周利主演的《卖水》,获得首届中国戏曲红梅杯演唱大赛金奖。

图13　2007年,周利在重庆沙坪剧院演出《卖水》　摄影:王美木

2003年3月,天津京剧院的李莉老师来重庆,教授了周利尚派名剧,全本的《乾坤福寿镜》。2005年,周利带着这个剧目最精彩的一折《失子惊疯》再次参加CCTV第五届全国青年京剧演员电视大赛,获得银奖。

图14　2003年,周利在重庆正阳街演出《乾坤福寿镜》　摄影:王美木

图15 《失子惊疯》一折　摄影：王美木

有了跟名师学戏和全国大赛的基础，2004年底，周利考进了第四届中国京剧优秀青年演员研究生班。来自全国各院团的优秀青年人才都汇聚在这里，既是"温故知新"，又是再次回到学生时代"从零开始"。

三年里，听名家讲座、跟名师学戏、看名角演出……她继续向孙明珠老师学习《双阳公主》《梁红玉》等剧目，跟沈健瑾老师重新学习了《探谷》《卖水》，尚慧敏老师教授她《银空山》《大登殿》……

除了学戏曲表演,戏剧理论课也不少,这给周利今后做京剧理论研究打下了深厚的基础。

尤其是刘世翔老师,他重新整理改编了京剧《花木兰》,别具一格,总想找到合适的人选将此改编剧目传承下去。最后,他选中了周利。

在读研期间,重庆京剧院的沈福存老师也在北京授课。在沈老的印象中,周利总是穿着练功服,也不怎么外出,每天就是学习、练功,特别勤奋。沈老对周利评价很高,认为她如此努力刻苦地学习,将来一定有大作为。周利却很谦虚:"大家都很努力,我只是其中之一。这次研究生班的学习氛围特别好,课程也排得很紧,上午、下午都有课,晚上不是学习就是去观摩演出。"

事实上,周利花的时间确实比别人更多。她既学武戏,也练文戏,文武兼备,可不是件轻松的活。

2007年2月,受上海逸夫舞台"菊坛点将台"邀请,周利在上海举办了个人传统折子戏专场,很好地展示了文武兼备的三出折子戏《昭君出塞》《鬼怨》《霸王别姬》,受到上海戏迷的好评。周利带着此三出折子戏,6月回到重庆,为庆祝直辖10周年,还在高校进行了演出,同样受到大学生的追捧。11月,在重庆举办了中国戏曲学院第四届研究生毕业汇报专场演出《花木兰》。

图16　周利在重庆沙坪剧院演出《花木兰》　摄影:王美木

2008年1月23日,研究生班毕业典礼成功举行,周利接过毕业证书圆满毕业,成为重庆市京剧团的第一个研究生。5月31日,李莉老师携周利在中国大戏院,举办了"李莉从艺50周年庆典演出",周利出演了《花木兰》。

2008年底,"周"而复始,《昭君出塞》终获CCTV第六届全国青年京剧演员电视大赛金奖。从第一次参加全国大赛,直至7年后获得大赛金奖,周利对《昭君出塞》的演绎、理解,从形似到神似,都不断在进步;对王昭君人物的理解也更加深入,通过圆场、翻身、卧鱼等技巧,既要表现"艰路难走""烈马难驯",也要有美感,武旦不但要表现功夫,更要注重美感,更何况王昭君是四大美人之一;对情感的表达更加细腻,例如在剧中王昭君什么时候喘气,眼神运用的细微区分,都做了充分研究。周利谈起《昭君出塞》说:"刚柔并济,不能太刚,眼神的处理和手上动作的配合处理很细腻……"现场采访时,她一边哼唱一边示范:"人有思乡之意,那马乎,岂无恋国之心,何况人乎。"她的唱以情带声,配以眼神和动作,韵律感十足。

谈到获得金奖,周利说:"这次参赛前有些犹豫是否还要参赛,但我想哪怕就是没得到金奖也不能失去这样的机会,我就没考虑那么多了,不能放弃参赛的机会,最终的结果当然令我很惊喜……"

连续三届参加CCTV全国青年京剧演员电视大赛,是需要勇气的,背后也是常人想不到的艰辛。更有意义的是,周利的参赛剧目《昭君出塞》《失子惊疯》都是尚派"露胳膊"最典型的剧目,周利都将其呈现在了CCTV"青京赛"的赛场上。

从1999年向孙明珠老师学戏开始,一晃就是十个年头……

2009年,周利正式拜孙明珠为师,在北京东二环金龙建国温泉酒店,举办了隆重的拜师仪式,当时来了不少京剧名家。孙明珠老师身着一身红装,很漂亮,特别精神,很激动地说:"有很多的话,不知道从哪里说起,我只想跟你(周利)说几句知心话,我们不但要学他老人家(尚小云)的精湛技艺,更要学习他老人家的为人、人品……"孙明珠老师还向周利赠送了尚派"音配像"专辑。尚小云之子、时任中国剧协主席的尚长荣也出席了此次拜师仪式,尚长荣对周利的评价很高:"长江后浪推前浪,喜看艺坛又有后来人,周利很有天分,勤学奋进,不但基本功扎实,嗓子、表演很有灵感,这很难得……"

有惊无险

2009年圣诞夜,是周利拜师后的第一场汇报演出。北京长安大戏院,观众们已早早到来,看戏单、聊戏,座无虚席……

孙明珠老师在后台一边叮嘱周利一边鼓励着她。不巧的是周利正赶上重感冒,已经打了六天的吊针,嗓子哑了,演出前几天发音都困难,还老咳嗽。孙明珠老师很为她担忧,怕她出纰漏,不能顺利完成演出。

此次演出正逢迎接新年"十大流派 十大新人"活动。周利打前阵,前演《双阳公主》之《珍珠烈火旗》一折,后演《十三妹》中最为精彩的一折《悦来店》,担子很重;加之第一个出场,又是开演第一天,压力不小;同时"CCTV空中剧院"正全国直播,谁知感冒也在此时"凑热闹"。但周利成功完成了这晚的演出,还赢得阵阵喝彩,台下的孙明珠老师虽有心疼、有担忧,却一直保持着微笑看着周利的演出,在两个折子戏的间隙,孙明珠老师再次来到后台给周利打气。

周利平时很自律,尽量不吃刺激性的食物、不熬夜。孙明珠老师觉得当时正值冬季,重庆和北京的温度、湿度,差别都很大,周利可能有些水土不服。

演出圆满完成,孙明珠老师很高兴,对周利讲:"尚派艺术,既有庄重,也有妩媚,还有大气,你今天做到了一些……今后要经常演出,找出自己的不足,有哪些问题,老师来帮着你,咱们一起来探讨、研究,互相进步。"

图17　周利在重庆演出《悦来店》　摄影：王美木

学无止境

2010年5月，周利幸运地进入了由中宣部、文化部主办，中国戏曲学院承办的首届中国京剧流派班，全国只招收了66名学员，两年中，由41位导师分别对19个京剧流派艺术进行了传授。2011年8月，在北京梅兰芳大剧院举办个人专场演出，周利出演了尚派大幕戏《绿衣女侠》，获首届"魅力春天"青年京剧演员北京擂台邀请赛"观众最喜爱的演员奖"和"新星奖"。同年，周利担任重庆京剧团副团长。

其间，周利也回重庆进行汇报演出。在京剧流派传承班所学的尚派剧目《汉明妃》《绿衣女侠》《金山寺·断桥亭》，受到家乡戏迷的热捧，周利甚是欣慰："尚小云先生不仅精湛技艺、独树一帜，更是德艺双馨。作为尚派第三代传人，我将不遗余力地献身尚派艺术，传承好尚派艺术。"

图18　2011年3月31日，重庆巴渝剧场，周利汇报演出《绿衣女侠》——"中国戏曲学院京剧流派传承班汇报演出"　摄影：王美木

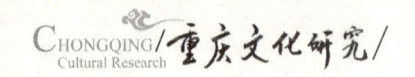

2012年，周利在北京梅兰芳大剧院流派班毕业晚会上成功出演了尚派剧目《双阳公主》，顺利毕业。

直至2019年7月，国家文化和旅游部戏曲艺术人才培养项目高级研修班开班，周利继续学习深造……

"利"不单行

不到37岁就获得了中国戏剧表演艺术最高奖梅花奖。周利可谓是年轻有为，而终身大事的到来却并不算早。2013年后，姻缘也随之而来，源于对戏曲的喜爱，他们最终走到了一起，她先生对其京剧事业非常支持，自己也是戏曲爱好者，更是周利的铁杆粉丝。

图19　周利出演《梁红玉》　摄影：重庆京剧院

2016年2月7日,周利参加了中央电视台春节戏曲晚会,演唱《梁红玉》选段:"好姻缘本是前生定……"

同年5月6日,周利在"庆祝重庆市京剧团建团60周年暨纪念厉家班创办80周年"晚会上,再次清唱了《张露萍》选段,并与尚长荣先生合唱了《霸王别姬》。次日参加其研讨会,当晚出演了大幕戏《霸王别姬》,这也是此次系列展演(5月7日至5月18日)的第一出戏。接受记者采访时,她说:"重庆市京剧团将继续为京剧的发展、传承而努力,希望大家为京剧的发展多做贡献,挖掘和培养更多的青年演员。"

图20　右:尚长荣,左:周利,合唱《霸王别姬》——"庆祝重庆市京剧团建团60周年暨纪念厉家班创办80周年"晚会
摄影:王美木

同年7月,周利当选重庆市戏剧家协会副主席、重庆市渝中区戏剧家协会主席。2021年6月,周利再次当选重庆市戏剧家协会副主席。

2016年11月4日下午,在民盟主办的"周利京剧品赏活动"中,周利给50多名专委会成员、社会各界京剧爱好者介绍了京剧四大名旦:"台上竞争对手,台下知心好友,切磋学习,取长补短,彼此促进各自的流派……"同时在现场做了京剧表演示范。现场一位观众说:"曾经在电视里看到过京剧,但看不懂。今天听了周老师的讲座,感觉京剧特别有意思,打算去剧院看京剧。"周利一直强调:"京剧是一种走进剧场的艺术,更适合在剧场身临其境欣赏,是一门越听越想听的艺术。作为一名专业的京剧演员和戏剧工作者,我们有责任和义务让更多的市民了解京剧。"

2019年9月1日,"壮丽70年·奋进新时代——中国民主同盟庆祝中华人民共和国成立70周年大会"在京举行,周利演唱了熟悉的戏歌《梨花颂》。周利对那天的记忆很深:"齐聚了全国各地的民盟艺术工作者……能参加那天的演出,我倍感光荣!"

2021年2月26日,在中央电视台元宵晚会中,表演京剧《双阳公主》选段:"声萧萧贯长征千里战马……"

同年5月28日,周利回到母校,在重庆群星剧院,为党的百年华诞献上最美的青春礼赞,用京剧演唱了《洪湖水浪打浪》。

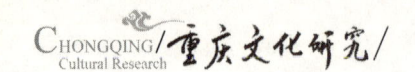

同年10月5日晚,周利以京剧歌唱《山水地,英雄城》首登央视。周利介绍了该作品由重庆京剧院青年创作者刘明明作曲,前半部歌曲娓娓道来,后半部京歌壮丽豪迈,前后变化,感情升华。在片中有重庆的大金鹰、两江交汇、红岩魂广场、朝天门,充分展现山城重庆之美。

2022年3月,周利当选中国民主同盟重庆市第六届委员会副主任委员,接受采访时她说:"民盟主要由从事文化教育以及科学技术工作的高、中级知识分子组成,是致力于中国特色社会主义事业的参政党,传承优秀传统文化是我们盟员的责任。"2022年正好是周利加入民盟20年整。

重拾记忆——从《梁红玉》到《秦良玉》

2018年12月3日,周利和重庆市京剧团其他演员赴天津参加中国京剧像音像集萃工程(简称"像音像")的录制,"像音像"由中宣部、文化部主导,是继中国京剧音配像精粹工程之后的又一项国家文化工程,遴选非常严苛,须获得过"中国戏剧梅花奖"或"文华表演奖",同时还得有自己的代表性剧目。

"像音像"精益求精、不留遗憾、反复加工,直至达到最佳效果,甚至是完美地完成剧目录制。所以我特地问到此次录制过程会不会很折腾人,她说:"'像音像'是在国家级的展现平台上,所以要求非常高,首先对每一个演员的造型、配音、动作、唱腔、音准都高规格要求,还包括乐队、舞美、道具、服装、化妆等,都会精雕细琢每一个细节……我们先把戏排好后,寄资料过去,他们要先看一看,然后我们再过去录制,那边的录音棚很大,《梁红玉》用了两天的时间录音,再用了两天录像,最后进行合成。"录制常会进行到深夜十点甚至凌晨,录制完成后,还要经过专家委员会评审通过。

周利塑造的梁红玉,既有武将的刚健,又有女性的柔婉。前半部分梁红玉与韩世昌相遇、定情主要是文戏,之后就以武戏为主,尤其是《擂鼓》一折尤为精彩。除了角色塑造的刚柔之美,整出剧目也是刚柔并济,唱、念、做、打并重。

图21　周利饰演的《梁红玉》入选"中国京剧像音像集萃工程"　　摄影:重庆京剧院

我发现此次"像音像"《梁红玉》的扮相更加漂亮了,跟以往扮相的风格有些不同,这次特别精致、漂亮,还灵气十足,周利告诉我说此次是由化妆师为演员化妆,后来在《秦良玉》演出时,也是由化妆师来化妆。周利对"像音像"很看重:"舞台上极致细微的动作都被导演的镜头放大,正因为'像音像'对每一个细节的处理要求极为严格,高标准、高质量、高要求,所以对一个院团的全体演职人员的专业水准的提升,有很大的意义。"

继《张露萍》之后,《秦良玉》是周利的又一个代表作,也是周利京剧人生的又一次飞跃。此剧由尚小云先生于1924年在广德楼正式上演,但现在已失传。且之前的版本,故事繁杂、冗长,特别是后半部分把人物矛盾变为男女的纠葛,不太符合当下的审美,对秦良玉的人物塑造有一定的缺陷。

周利和团里的演员,多次去石柱体验、采风、座谈,尤其是在秦良玉曾经所在的万寿山、练兵场,而最终在舞台上塑造秦良玉也要靠自己的感受和想象。公演前自然少不了专家讨论、反复打磨,周利自己也对细节反复研究、完善,比如与剧中丈夫眼神互动的变化;出场亮相怎样最佳;抖披风怎么好看,同时还要符合秦良玉的角色塑造;观众更喜欢看什么样的秦良玉。

从2018年开始创作《秦良玉》到2019年首演,周利邀请了各界专家审看,《秦良玉》入选国家舞台艺术精品创作扶持工程重点创作剧目。经过一年修改打磨,2020年11月再次公演,又邀请了仲呈祥等著名评论家审看,第二稿的总体呈现得到了肯定,专家们普遍认可第二稿。2021年,《秦良玉》入选第九届中国京剧艺术节展演剧目。

图22 《秦良玉》剧照 摄影:重庆京剧院

周利不仅在舞台表演上下了很大功夫,她写的《〈秦良玉〉人物塑造谈》在2022年3月刊的《中国京剧》上发表:

"《秦良玉》围绕秦良玉的主要核心事件,抵御后金入侵、平叛奢崇明展开……全剧共有四场……。第一场'壮怀出征'……白杆兵操练完毕恭迎秦良玉发号令,九龙口的亮相要有威震八方的气势,凸显土家族女土司的英气……。第二场'忍辱负重'……在三人对唱中,导演沈斌将灯光处理为三个光区,凸显三人各自的心境和情绪……短暂的停留后,秦良玉凄苦地呼喊:'夫君,千乘!'这时,舞台上马千乘出现了。见到夫君像是在梦里思想的交流,也是秦良玉自己内心的释放和解答,一大段对唱表达了秦良玉对夫君无尽的思念与深深的歉意。……第三场'矢志不渝'……表达了秦良玉克服困难,排除险阻,誓死复夺重庆,完胜战役的坚定信心与决心。第四场'悲壮出征'是全剧事件发展关键性的一场。……这出戏唱腔板式多,在凸显尚派剧目文武兼备的同时,也给演员提出了更高的要求。表演中的出场亮相、沿江搜寻、阅兵布阵、上马、大刀开打等,怎样将尚派艺术的身段和技巧用出特点来,是需要我反复磨练的。特别是随着剧情发展,人物矛盾更加突出时,人物内心的充实尤显重要,需要表演上有足够的张力和底蕴,像特写镜头一样给观众视觉冲击力,用心灵沟通去感动观众。

尚先生在创作这出戏时,在秦良玉使用的大刀设计上非常有特点,大刀有三个穗,极其威武……挖掘整理失传剧目《秦良玉》,让尚小云先生的代表剧目再现舞台,我在从创作到呈现的过程中受益匪浅……"

"秦良玉是重庆石柱人,是进入正史的中国古代女将军。人物造型以土家族特色为主,比如秦良玉头上戴的银泡和羽毛,还有结合少数民族图腾的服饰以及她衣服上的凤凰图案。"周利接着说,"秦良玉是重庆的英雄人物,每一次演绎她,我都很自豪……"

创研并行

除了艺术创作、艺术表演,周利同时也做艺术研究,这在整个戏曲领域的演员中,很少。做研究,要花费大量的时间去查阅文献、细读材料、思考问题,并且要自己分析、提出见解、归纳总结,甚至是创新。

重庆工商大学薛新力教授给予了周利很大的支持和鼓舞,2015年后,周利就着手京剧尚派艺术的文献整理和系统研究,从创作、表演到研究,并肩同行,难能可贵。

直播,综艺,手游

"随时都可以开播……京剧直播更要提前做好直播内容,京剧宣传既要正能量,也要精彩有趣。"周利很支持用新的传播方式来弘扬京剧艺术,至于直播,需要时间,也需要多方面的配合。利用直播和短视频传播文化艺术,是目前非常快速、广泛的一种方式。谈到上海戏剧学院00后组合"上戏416

女团",利用抖音视频以"古装+戏歌"的形式宣传京剧。周利很认可,新形式要符合一定的审美,同时传递正能量,弘扬国粹。

目前也有京剧演员在做直播,大部分集中在教唱、念,介绍戏班历史、规矩等。也有一定的受众群,有的观众听着听着,就去打听幕后的事情,或一些八卦事件……

按照传统的模式介绍京剧的知识,兴趣点不足,受众不多,而一味地以花边新闻来讨好受众也不可取。周利一直在思考怎么以最佳的方式去引导大众,尤其是年轻人,如何找到一个好的切入点。既有正能量,也有趣味性、互动性的戏曲直播,在今后一定会越来越多。毕竟京剧的服饰、妆面,本身就有直观的吸引力,很多不懂京剧的年轻人,也会去拍摄一套关于京剧的艺术照或是剧照。

在开播之前,周利已有不少的实践经验。她常被邀请参加"京剧进校园"的活动,以"讲座+示范+互动+表演"的形式主持活动、主讲京剧艺术,尤其是怎么欣赏京剧以及京剧的特性。一边讲解京剧知识,特别是生活中的语言和京剧中的语言有哪些不同;一边做示范,同时邀请同学上台来互动,跟着老师学戏曲中的基本身段,以及简单的唱腔及念白;最后再把京剧的节目呈现给学生。

图23 2022年,周利主持"京剧进校园"活动 摄影:重庆京剧院

就在此次采访的前天,周利刚主持完在启诚巴蜀小学举办的"京剧进校园 国粹润童心"2022音乐节系列课程活动,周利讲完戏曲知识,就邀请同学们走上舞台,有时也借助道具,让同学们学着她的示范表演,感受千军万马,日行千里,还有待字闺中的小姐的一颦一笑……。学生在对京剧有了一定了解后,再观看京剧表演就会有兴趣。这些经验对今后的直播和视频号制作,也有着重要的意义。类似这样的进校园活动,几乎每周都有,生生不息……

图24　2022年6月"传国粹,戏育人——京剧讲堂走进人民小学",周利给同学们做示范　摄影:重庆京剧院

紧接直播形式,我接着问周利,有没有考虑咱们重庆自己做一档京剧的综艺节目?2020年3月,上海京剧院王珮瑜的《瑜你台上见》首档京剧脱口秀上线,也是一档综艺节目,王珮瑜的观点也很明确:"以综艺的娱乐性对接京剧,不是妥协,恰是回归。"

周利认为这是一个很好的切合点,京剧本身就有很大的包容性,也很符合京剧的三大特性之首——综合性。但是这也需要集体的智慧和多方面的共同努力。

目前,在重庆新开一档京剧的综艺节目不是一件容易的事,还要让大部分人"看见"就更不易,不能单靠周利一己之力。曾经在其他省市的卫视频道,也有过戏曲类的综艺节目,成本还不低,名角也不缺,但其持久力并不理想。尤其是将观看直播或综艺的观众,很好地转化为进剧场看戏的观众,这更是难上加难。曾经的尝试虽然不理想,但相信个性坚忍、不怕输、不服输的周利,是能迎难而上的,通过她和她的团队,打造京剧新热点,重庆很可能将是第一个新试点。

2021年,周利就积极推进京剧和手游的融合,与网易《忘川风华录》制作团队合作,以年轻人喜爱的方式讲述历史故事。"为塑造手游形象的梁红玉,我们不断商榷,修改,再修改,最终完成。"周利笑着说,"当时我已经完成京剧'像音像'《梁红玉》的录制,已多次反复打磨京剧《梁红玉》。我不仅向手游制作团队详细讲述了梁红玉这一角色,还向他们详细介绍了梁红玉在京剧中的妆面、服饰、表演……希望传统的京剧元素和现代'年轻'的手游,能够更完美地融合,让传统文化为新媒体助力,同时通过新媒体更好地宣传传统文化。"

2022年1月23日,重庆京剧院与网易旗下手游《忘川风华录》共同推出南宋抗金名将梁红玉的角色,梁红玉头冠上镶嵌红玉石,暗喻其名字,同时融入京剧发冠设计。梁红玉的战旗及使用的枪,都有"宋"字,充分体现了戏曲艺术、传统文化的特点。网友们称赞梁红玉形象可爱,由此,人们不仅能了解中国历史,也看到了很多的京剧元素,这是传统和现代的完美结合。

"利用高科技与数字化让京剧更焕发新活力,同时这也是弘扬传统文化的新方式!"周利一直关注着年轻人乐于接受的新方式。

不论是直播、综艺,还是手游,周利非常认可这些与时俱进的途径和形式,他们都能让大众进一步了解京剧,对京剧产生兴趣。尤其是那些还不知道自己将会喜欢上京剧的人,最终会走进剧场观看京剧,毕竟现场看京剧,其魅力是不可替代的。

现在每周日下午2点,在洪崖洞巴渝剧场都有重庆京剧院的演出。

记忆中的周利

"咔、咔、咔……"一会儿,一个胶卷就没有了,一会儿又一个胶卷拍完了,中途换胶卷就觉得是浪费时间。

图25　2000年8月8日,重庆实验剧场演出《探谷》,周利饰演穆桂英　摄影:王美木

图26　2000年8月8日,重庆实验剧场演出《探谷》,周利饰演穆桂英　摄影:王美木

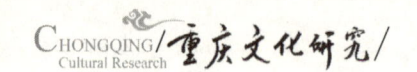

2000年8月8日，在重庆实验剧场，我正在拍摄京剧《杨门女将》中《探谷》一折，中途有人好像在对我说话，我没听清，也没理，继续拍摄，直到这出折子戏结束。"小伙子，这是我的电话，你刚刚拍的是周利……"原来刚刚跟我说话的正是周利的父亲，他正巧坐在我旁边，"胶卷冲印出来后，能不能给我们几张，该多少钱到时候给你。"我接连说："不用不用，我也正在学习摄影，照片冲印出来，一定联系你，送你。"这算是我第一次认识周利，之前90年代，我也在实验剧场看戏，应该也见过周利，但我并不知道其名字。

我从小就喜欢唱京剧，大学攻读的专业是影像工程，放暑假的时候，我常带着单反照相机到处拍摄……

一周后我又去实验剧场拍摄，周利仍然演出的是折子戏，但换成了《昭君出塞》，台下我把照片给了她父亲，我继续拍摄，这次周利的戏排在前面，演完卸妆后，她也来到观众席，我第一次见到她，拿到照片她很感谢我。我记得当时话不多，一直在谈剧照，我也简单介绍了一下我的京剧之缘："我外婆是刀马旦兼花衫，当年演出过好几十出戏，外公最喜欢外婆演的《泗州城》《穆桂英大破天门阵》，不过我外婆在刚解放不久就病逝了……"

图27　2000年，重庆实验剧场，周利出演《昭君出塞》　摄影：王美木

之后很长一段时间，我常去实验剧场，拍摄了重庆京剧院演出的不少剧照，在周利的介绍下，我也常去后台拍照聊天，认识了不少和她一同在重庆艺校京剧班毕业的同学：何迅、刘宴、吴狄、史丰沙、建军、建忠、张力、张青、张萍、武梅、李锐、杨亮……

9月开学后，我也带着大学同学去京剧团拍摄，国庆后，学校办了摄影展，当时学校看展的人非常多，停留在京剧剧照面前迟迟不走的人很多。我拍摄的剧照得到了不少老师和同学的好评，还有不少同学打电话来问我摄影技术问题，我特别高兴，很感谢周利和她的同学们。

影展还没结束，学校才成立不久的杂志社——"全国首家大学生影像艺术杂志"《影像》就找到了我，任务就是撰写"京剧的周利"，我写完后主编不太认可，可能是文字功底不好吧，但主编特别认可我的拍摄,就安排了一个文字记者和我一同到京剧团采访周利,文字记者采访,我拍照。上午11点左右,我们去了京剧团的排练场,在渝中区正阳街,当时排练场只剩下周利一人,她一直在练功,难怪后来沈福存老师老是逢人就夸赞周利勤奋,的确名副其实。"你们要问什么问吧,都可以问……"她很谦和,采访大致用了一小时,面对完全不懂京剧的文字记者,她很耐心地在解答,之后,我拍了她当时练功的场景,以及她自己练习《昭君出塞》的过程。

图28　2000年,采访周利　摄影:王美木

终于等到了杂志发表,周利的照片刊登在《影像》杂志的封面,或许就是因为这封面,这一期杂志几天内就被一抢而空……

图29　2000年,周利照片刊登在《影像》杂志封面　摄影:王美木

11月,我特地去排练场找周利,我有点不好意思地说:"帮我个忙吧,我参加了校园歌手大赛,我唱的京歌《中国功夫》进入了决赛。但是我想找个老师教一下我动作,不然在决赛里,我很吃亏!"实际上在初赛、复赛的时候,我自己也凭想象加了不少动作,特别是受了周利《昭君出塞》中卧鱼技巧的影响,我也跟着学,一个蹲步,落地……台下有的人说好,也有的人在笑,不规范是自然的,毕竟我没学过表演。周利很爽快地就答应了,就在排练场帮我找到了老师:"这是张青,他叫王美木,他想学几个动作……""没问题,我们到这边来,这边人少些……"张青二话没说,就在排练场,马上教授了我几个简单的动作,他很能体谅我这样没有表演基础的同学,尤其是几个亮相,反反复复教了我很多遍。最后的决赛,我还真就拿到了"校园十佳歌手"的称号。

在很长一段时间里,我成了团里的常客,拍照自然也少不了。周利觉得老是这样免费拍摄有点亏待我:"美木,以后拍照你也不要'白拍',该产生的成本,还是得给你,胶卷、冲印,这些不要费用吗?不能每次都是你自己出,你还是个学生,还没参加工作,帮忙是很好,只是照片的成本不能都让你来出。"在此之后,我周末拍了剧照,周一或周二,我就去排练场送照片,因为在排练场人都到得比较齐。周利就带着我,我带着照片,她挨个给需要照片的演员说:"美木经常来拍,成本还是要给别人,你若要这张照片5角,要底片就再加5角……"她很仗义,我很感动,一件小事,回想至今,难以忘记。

在2008年周利获得金奖之前,她几乎每年都有参赛,我知道她有过失落,只是她不说,其间的经历只有她自己知道。在台上展现给观众的都是敬业和尽美,台下面对票友时,她也很谦虚,票友有赞美也有建议,不管合理不合理,她总是笑着点头,这个动作,我印象特别深。

为了方便学戏,周利买了台摄像机,毕竟去北方学戏的机会难得,她录下了一些珍贵的教学资料,我帮她剪辑过她学戏时录的《花木兰》,一边剪辑,一边我也学到不少戏里戏外的知识。我还记得她说:"这出戏,是老师自己花了很大心血重新编排的……"之后,我经常出差拍摄非遗,后来做科研管理工作,联系就很少了。

有趣的是2016年2月2日,我有幸和周利同台了。刘德奉院长极力推荐我,参加重庆市文化委举办的春晚,我独唱了《向天再借五百年》,在后台,我抓紧时间跟周利和久违的团里演员合影留念。

图30　2016年2月2日,在重庆市文化委春晚后台与周利合影　摄影:重庆京剧院

2020年4月,疫情仍未结束,我苦于没有口罩,快3个月没下楼了,毕竟电梯也是高危区。在一次偶然的"微信朋友圈"对话中,周利得知了我没有口罩,雪中送炭,把口罩放在我家小区门卫处,门卫送到了我家,这件事,我终生难忘。

如今我再次撰写周利的"风采",时隔22年,我想这次写的文章应该能够发表了。22年间,感谢周利有那么多的精彩瞬间和幕后故事,就算我再不会写作,也有了充足的素材:从学习《昭君出塞》到拿到金奖;深造学习、结缘恩师;《张露萍》摘得梅花奖;推陈出新《梁红玉》《秦良玉》……

本文除了周利丰富的经历,也有我不少的回忆,祝愿周利再接再厉,承"尚"启下!

重庆清代地契档案文化赏析

黄玉才

(重庆市石柱县规划和自然资源局)

这一张张发黄的清代地契,历经几百年岁月沧桑的洗礼,依旧飘着醉人的翰墨清香。

民以食为天,土地是国人赖以生存的命脉和根基,是农民的"命根子"。地契是古代土地房屋交易的证明文书和凭证,是珍贵的历史文化遗产。地契关系民生大事,涉及千家万户,真实地反映不同历史时期的土地所有权制度、土地权属变更及土地的管理制度,是社会、经济、政治、文化发展状况的体现。传统契约文书涉及范围广,具有历史价值、民俗价值、文献价值、文学艺术价值等,一张张发黄的老地契,向人们展开一幅绵延200多年的历史画卷,这也是研究清代和民国时期巴蜀民俗的实物资料,具有极高的研究价值。

契约文书,源远流长

传统农业生产生活中,土地房产交易早已成为日常生活离不开的一件大事,并形成"婚姻靠媒,买卖凭中"的约定俗成的民间土地房屋交易习惯,世代沿袭。传统契约实践有2000余年的悠久历史,形成了深厚的"契约制度"积累。

现存最早的明代地契实物,证明明代民间房地产交易以契约文书的形式订立合同。古代地契分为"白契"和"红契"。清代和民国时期流行地契交易,采取的是"民写官验"的形式,即先由土地买卖双方自行协商,书写买卖契约,然后由官府进行验核。验核方式一般有三种:一是在民写地契上加盖州县官印,收取契税,表示官方认可,使"白契"变成"红契";二是在布政司统一刊印的"官契纸"上重新书写,经官府确认用印后成为正式官契;三是粘连"契尾"的方式,即在民写地契后粘连上布政司统一刊印的"契尾",作为官府验契凭证,确保交易的严肃性、有效性。卖方不仅要承诺自己及其亲属不能反悔或纠缠买方,而且如果交易的土地以前是自己或祖上从别人手中买来并有契据的,还要附上原来的地契,以表明交易的完整性。

随着岁月的流逝,朝代更替,如今地契已退出实用舞台,房地产权制度中有严格的不动产产权登记、变更和监管制度。

重庆市各区县档案馆馆藏和民间散存有不少清代、民国时期和建国初期的地契档案文书。重庆市规划和自然资源局,在组织编纂《重庆市志·国土资源和房屋管理志》时,重庆市不动产登记中心收集到3份有代表性的珍贵的清代地契(完税红契),原件现收藏于重庆市规划和自然资源局档案馆,具有极高的历史价值。这3份地契保存完整,字迹清晰,多枚官印验讫,十分珍贵。

清乾隆五十一年(1786年)巴县城内巴字园房地产买卖契约,盖有"巴县之印"等10余枚官府印章,买卖双方、中证人、代笔人、族戚、邻坊见证人等达50余人。清光绪二十五年(1899年)巴县道门口房地产买卖契约,上有30余枚官印。清宣统三年(1911年)巴县临江门城外私人房地产买卖契约,加盖了"四川布政使司票据关防""巴县经征分局关防""重庆市财政局土地登记处验讫"等大红官印10余枚。

这3份地契均是官府验证的完税"红契",即清代推行的"民写官验"房地产交易契约制度下的地契。其中,光绪年间地契,宣统年间地契,还经民国时期四川省政府,重庆市地政局复验确认产权合法有效。3份地契,均在立契人姓名、地名、地块、四至界限、交易价格、日期等重要内容位置,加盖了"巴县之印""四川布政使司票据关防""巴县经征分局关防""重庆市财政局土地登记处验讫"等大红官印,在存根连接处,还加盖有防伪功能的"骑缝章"。

这3份地契均用工整易识的毛笔小楷书写,字迹清晰可读,书写格式规范。其中宣统三年地契书写在官府统一印制的"正契格"契纸上,毛笔小楷,浑圆沉稳,契约内容翔实。地契中涉及的重庆市渝中区临江门、道门口地名,沿袭至今。道门口位于渝中区解放东路东水门长江大桥旁,与陕西路打铜街连接朝天门,因清代川东道台衙门设于此,故有此名,这里是清代最繁华的街道,商号林立,商贾云集。特别是"九开八闭"古城门之一的江边码头临江门,如今已发展成为重庆解放碑商圈最繁华的商业中心和著名的历史文化街区。

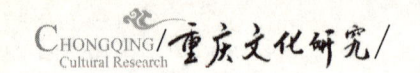

这3份清代地契，很有代表性，具有历史悠久、书法精致、文辞优美、内容丰富、书写规范、保存完整、史料价值高等特点。

文辞优美，记录历史

清乾隆五十一年地契，上有"巴县之印"满汉文大红官印，有"巴县契约查验所验讫"专用章，"重庆市八省公益协进会"等官府大印。契约代笔人张嘉言书写的文书，墨迹具有清代"馆阁体"整齐工整之特点，是地契民间书法的代表，书法水平远超其他幼拙平淡、重契约内容的民间写手。

清乾隆五十一年地契内容，笔者识读如下。

立出永卖街房坐宅地基文契人张柳堂、张九茎、张留山、张孔昭等，今将城内巴字坊，地名巴字园，祖父公共各人受分房屋，并置买房屋上下两院，下一院，新旧槽门三座，大门一座，砖墙二门，大厅一向，左右书厢房楼两大间，后正楼房五大间，两厢楼房四间，后坎上厨房三间，右边大厨房二间，正房后窨子一座，内楼房三间，厢房二间，厨房一间，上一院大厅三间，厢房二间，正房三间，后接檐厦子三间，坎上厨房二间，大院坝二段，大街铺面四间，以及各院楼板地镇、楼梯、大小板门虎皮、板门窗户、门扇、石工、木料、竹树、园林、花园、水井，一切片瓦寸土等项。凭中证淡世臣、张遵一等引进说合，扫卖与南华宫会首韩鼎阳、梅式儒、顺德栈、古冈栈、广泰栈及董事廖初龙、陈三泰、范贵进、廖云达、陈兴隆、赖田庆、谢恩、蔡含章、钟元瓒、郑大义、幸新任、陈粤兴等，以为修造阖省公所，彼日凭中证议定，时价九五色银三千八百两正。走边画赀、移神下匾，一包在内。其银张姓人等，彼即如数亲收明白，并无货物债账准折，少欠分厘。其房基四至界址：后抵吴宅为界，右从后槽抵吴姓新槽门，转角抵韩姓铺壁直出官街，跟墙抵土地祠为界，其有后头一层卷洞门，系张姓原业，既卖公所而吴姓借行出入，不得侵占；前抵坎下熊宅以坎弦为界，左抵体仁堂，以官巷为界，直上横过官街，契内铺面四间抵胡姓铺屋为界。俱经卖主四邻眼同合勘，四至明白，并无包卖包买等弊。自卖之后，任从南华宫会首、董事人等，择期修造公所管业，凡张姓已在未在人等，不得重索加补居住，生非异言，赎取滋衅等情。倘有此等情节，有张遵一及卖主张柳堂、张留山叔侄等一面承值。空口无凭，立出永卖契约为据。

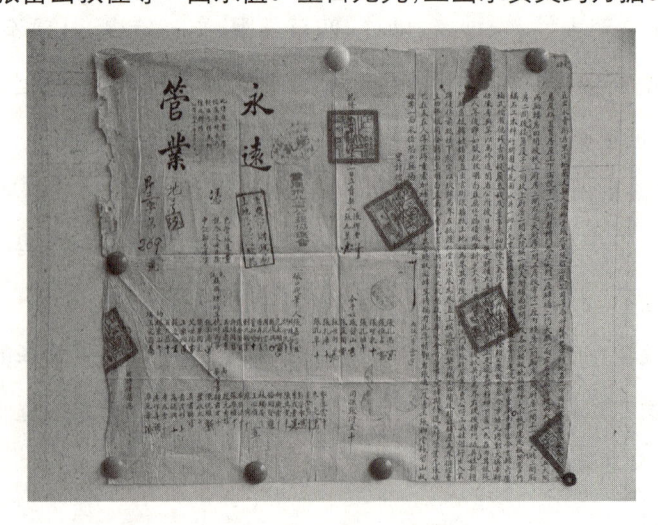

乾隆五十一年四月二十一日立卖契人张柳堂、张九茎。

同子侄：张孔思、张恒占、张圣泉、张孔昭、张留山、张庭闻、张世则、张孔席、张孔卓。

同孙：张衍孟。

包管：张遵一。

说合：淡世臣。

中证：郑忠胜。

依口代笔人：张嘉言。

见证族邻坊约等：杨烟山、胡宏聚、范大明、罗复兴、周孔言、唐昇利、董如喻、刘九锡、张金荣、许瑞周、王凤翯、饶时雨、张玉屏、简栗园、艾世德、王家相、张近仁、吴大昌。

约：杨东山。

坊：王定国。

南华宫董事：李凤云、廖先、唐金鳌、彭宗华、李成贵、陈其宽、何广宗、伦显贤、林腾茂、王必顺、廖寅、李广源、张学礼、赵元秀、钟君才、陈悦顺、叶永太、吴书聪、黄茂彩、高德兴、李凤云、李作舟、廖见章。

住持僧：慧恩。（上述地契内容有少许修改）

从这份珍贵的地契中可以看出清代四川地区，特别是重庆及川东地区，土地房屋交易是公开透明的，参与当事人达50余人。代笔人张嘉言的墨迹，虽是民间书手，但却具有清代官府推行的"馆阁体"风格，书法水平是民间书法的代表，整齐娟秀，大小匀称，排列有序，甚至可与《钦定四库全书》抄写者媲美，令人赞叹不已。

契约所涉及的"巴字园""南华宫"均为重庆市著名的历史文化遗迹，久负盛名。巴字园初建于明代，坐落于渝中区道门口至望龙门之间的"洪学巷"，明代户部侍郎倪斯蕙所建别墅。他是明万历进士，任湖北蒲圻县知县，后升太常寺少卿。36岁辞官回渝，在巴县县学附近，置地建"巴字园"别墅隐居。瓦房数间，梅竹掩映，花木扶疏，长江如带，蜿蜒如"巴"字，绕城东去，嘉陵江水，碧水映城，白鹤起舞。推窗远眺，涂岭群峰，山岚凝翠，觉林禅寺，梵音袅袅，龙门皓月，字水宵灯，巴江美景，尽归眼底。倪斯蕙诗如泉涌，感慨万千，挥毫写下两副楹联：

窗临巴水真成字，家对龙门好著书。

欲透江光堆石瘦，恐遮山色放墙低。

他还为别墅书题"巴字园"三字。后别墅毁废，仅留"巴字园"地名，房址修建广东会馆"南华宫"，清乾隆五十一年地契，记录了南华宫购买巴字园的土地房屋交易历史。从该契约中可以看出当时的巴字园还有不少建筑，后来扩建为"湖广会馆"建筑群，南华宫是广东客家人修建的会馆，深藏其中。

清光绪二十五年地契，更具特色，从这份完整的契约内容可知，此处土地房屋出售时，原契约因街道失火而焚毁，所以在新立契约时写明原契焚毁，凭官府存根和中证再次约定契约内容，并在一张契纸上分4段写明原契毁灭、现契约定、收款凭据等。代笔人徐麟书手写墨迹，具有北宋书法家黄庭坚的韵味，书写水平也在其他契约写手之上，工整沉稳、挺拔有力，耐人寻味。

清宣统三年地契，包含丰富的历史信息。这份地契内容，笔者识读如下。

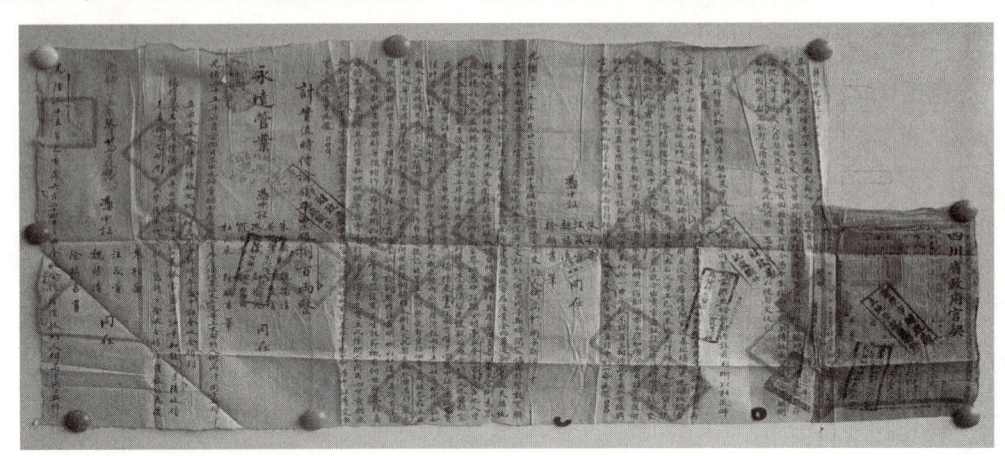

立出永卖房屋地基契约人赖泽仁，情因移窄就宽，有即需资。遂至夫妇同子商议定妥，甘愿将昔年买业房产，修在临江门城外大院坝瓦房一牌对面共计九间，正房楼脚二间，外面街巷对面捆把房屋、茅厕，悉行俱全，以及装修门窗、户格、石泥、石墩、石条、片瓦、竹丝、廿木、寸土，已成未成等项并无摘留。特请中证童炳焻、胡洪生二人，为中说合，愿将房屋地基扫尽灰尘，甘愿永卖与吴金合名下，出银承买管业。凭中议定，实值房价票银五百两正。以及腾空、走边、书押、移神、出火等事，慨包在内。其银赖泽仁当同中证以市半一监现交，赖泽仁亲手照数收足，并无货债准折，亦不少欠分厘。至于四址界畔：前抵长八间后面石坎为界，后面抵罗姓墙垣为界，上抵李姓坝坎为界，所抵赖姓小槽门公进公出为界，上牌下梢抵周杨二姓石坎为界。所有界畔凭中手指足踏分明，毫无紊乱，亦不得侵占他人廿地。自买之后，任凭吴金合修理，子孙永远管业。即至自座招佃收租，以及赖泽仁族内老幼，已在未在人等，均不得异言称说。倘有别生枝节，借故生端等事，竟有赖泽仁一力挺身承担，不与买主相涉。此系二家心甘悦服，其中并无勒逼等情。特立永卖房屋地基契约一纸，交与吴金合存执，永远管业为据。

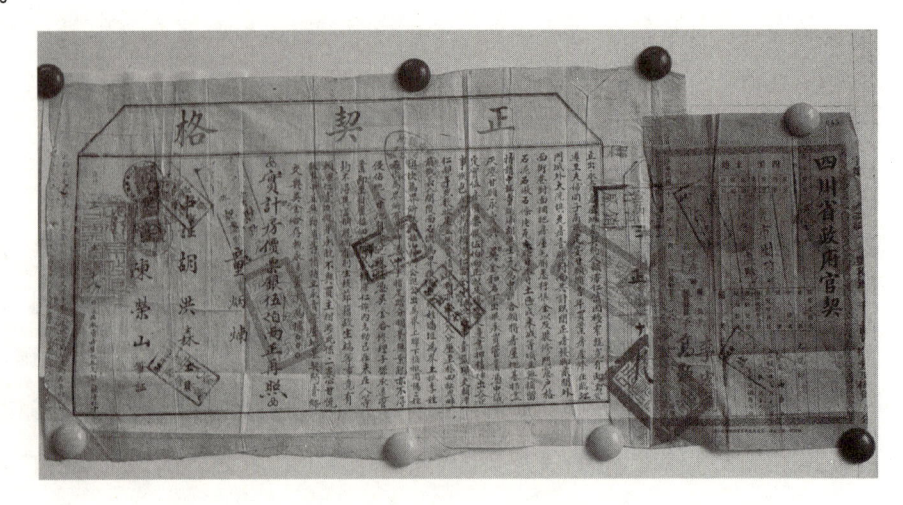

实计房价票银五百两正。再照。

中证：童炳焻（押），胡洪森（同目），陈荣山（笔证）。

宣统三年正月十八日立出永卖房屋地基文契人赖泽仁（押）。（上述地契内容有少许修改）

契尾还有官府统一刻印的几行文字："本格正副两纸为一套，每套收制钱一百文，经手、团保及总分局纸价均在其内，此外不准多取分文。领购此纸，书就后赴局投说，将正格粘给官契，交还买主，副格存分局缴验。"

这份珍贵的清代地契，经民国时期官府再次验证合法有效，粘贴有"四川省政府官契"，还贴有几枚民国时期的印花税票，是清末民初国家房地产税收制度的实物资料。契约内容翔实，卖地人、卖地原因、方位、四至、买主、价银、中人、代笔人等内容写得清清楚楚。而代笔人、中证是契约文书签订的关键人物。代笔人必须精通契约书写格式及内容，中证则发挥担保公证作用，确保契约条款的履行。

从这份契约中可以出，代笔人陈荣山具有较高的书法功底和文化素养，精通契约文书书写格式和契约交易风俗，比一般的契约代笔人古拙平民化的书写墨迹，更具品味，楷书接近清代官府推行的"馆阁体"。

这几份清代地契，见证了房地产交易管理机构的发展历史，地契上有"巴县之印""四川布政使司票据关防""巴县经征分局关防"等大红官印。例如，所有权人吴金合，于1937年（民国26年），将清宣统三年地契交四川省政府验契后，政府颁发了四川省政府官契。这份官契上有四川省政府印章、重庆市征收局印章，也有时任重庆市市长、重庆市征收局长的签章。

史料记载，清代道光、咸丰年间，中国社会逐渐转向近现代化，表现在房地产管理机构的演变上，就是出现了专门征收房地产交易税、管理房地产的机构——"巴县征收分局"。这充分地反映出当时社会管理已进行较为明确的分工，相关管理部门已由笼统管理向专业化管理变化，这也是房地产管理进入近代化进程的明显标志。

书法精美，传承文明

传世的契约文书所有当事人，除代笔人手书文字外，其他当事人因不识字，在契约文书上本该签字的地方，都用画"十"字或"〇"来代替签名，俗称"画押"，反映出当时社会民众的文化程度普遍不高的落后现实。

地契一般字迹清晰，表达简洁扼要。地契的书写人都是书法较好且以此为职业的人，对契约的内容、格式、用词都十分熟悉，契约中的内容包括卖地人的姓名、卖地原因、所卖土地编号、土名、税亩、四至、买主姓名、价银等。契约的纸张，既有民间的土纸，也有官方统一印制的官版契纸。后期又出现木刻版、雕版、石雕、铜板雕、木雕、印刷等多种形式。清乾隆时期的原契均为民间土纸书写，简洁大方。官版契纸，由于刊刻质量和品相参差不齐，墨迹浓淡不一，多有文字难辨之处。特别是地契上毛笔书写的文字，均为当地民间有文化素养、德高望重的乡贤明达书写。其书写规范，地契格式基本统一，但墨迹字体风格各异，特别是清代官府推行的"馆阁体"，成为应试者的必修课，而毛笔成为朝野日常书写的工具。民间写手书写的契约墨迹，多用毛笔小楷、行书书写，突显时代特征。这些出自民间写手的地契，无意作书，自然书写，随意挥毫，真情宣泄，酣畅淋漓，字迹却让人震撼，风神潇洒，笔笔见功夫，字字见水平。有的地契书写用笔点画、结体彼此呼应，牵丝引带，相互关联，穿插揖让明显。古代地契书写以实用、美观、易识为原则，有的地契小楷浑圆沉稳，行书遒劲有力，草书灵动飘逸，给人以美感。地契书法墨迹，风格各异，耐人寻味。

根据清代和民国时期房地产契约交易习惯，地契由买主保存，因为是产权凭证，民间将地契文书当作传家宝妥善保管，代代传承，一般不示人。由于年代久远，改朝换代，时过境迁，许多有价值的古老地契毁损灭失。特别是经官府验证的"红契"更加稀少，而成批成套的清代地契更是史海拾珠般珍贵。建国初期全国开展轰轰烈烈的土地改革，政府颁发新的土地房屋产权证，旧地契收回，存世的老地契更加稀少。而山西省太原市档案馆馆藏的吴家堡村清乾隆年间至建国初期1000多份地契档案，是建国初期颁发新证，从村民手中收回老地契，该村村委一直保存到2018年城中村改造时，捐赠给太原市档案馆的，保存70余年，是个奇迹。该馆整理编辑的《太原市吴家堡地契档案》成为首部完整反映一个村200余年地契档案变化的专著。成都龙泉驿区档案馆编纂有《成都龙泉驿百年契约文书》，书中录入了293份珍贵的清代地契文书，为学者研究地契档案提供了参考史料。而这些契约文书，是建国初期公安机关从民间收缴时未及时销毁的，于1995年转交成都龙泉驿区档案馆收藏。

根据传世契约文书考证，明清时期，土地交易活跃，催生了专为人代笔书写契约的民间职业写手，相类似的有敦煌文献中唐代专门抄录经书写手"经生"。契约代笔人必须具备书法功底和古文素养，并熟练掌握各类契约文书书写内容和技巧，于是便产生了契约文书范本，如明代刻本《尺牍双鱼》，就是专门的契约类书，供代笔人参考。

以上3份珍贵的清代地契"红契"，对于研究清代重庆地区政治、经济、文化和社会风土有着重要的历史价值、文献价值和社会价值。

细细品鉴这3份清代地契，书写工整规范，无一错字涂改痕迹，用笔厚重沉稳，契约内容翔实，代书人具有很高的文化素养，精通契约文书书写和契约交易风俗，是清代民间书法的典型代表。契约故纸具有书法美、文辞美、形式美，令人陶醉在岁月沉淀的沧桑美感之中。

我与百岁文学大家王火早前的"隔空交往"

庞国翔

(重庆市江津区文化和旅游发展委员会)

2022年7月15日的《文艺报》头版头条报道了"中国作协致信祝贺王火百年华诞"的消息,接着下一期,即18日该报头版又刊登《王火从事文学创作八十周年学术研讨会在成都举行》一文,由此可见,王火先生在中国现代文学史上的地位和影响。

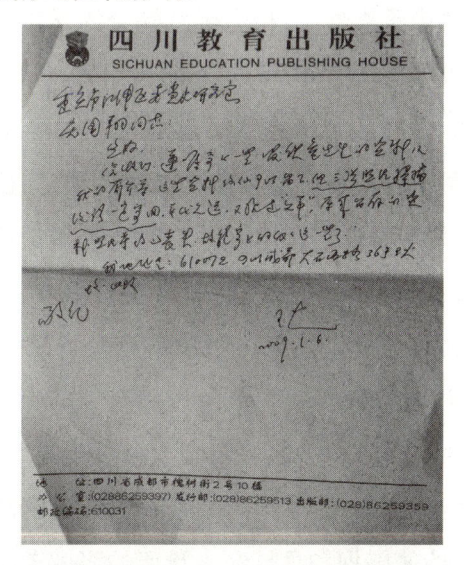

图1　王火先生给本文作者庞国翔的信

已是百岁高龄的王火,是中国著名的作家,他创作了700多万字的作品,出书30余部,曾获第二届国家图书奖、第四届茅盾文学奖等。在13年前,我与王火先生有一段隔空交往的故事。我们有过书信往来,我曾电话采访过他三次。他这样大名鼎鼎的名人,是如此谦逊和平易近人。他在写作上取得如此大的成就,想不到他的处女作是在江津写成发表的。

2008年,我在江津党史研究室工作,为编写抗战文化专题党史,我曾多次给王火先生写信,他给我回信,寄来了他家的珍贵照片和资料。他在信中叮嘱我那些照片和资料用后要退还给他,等等,我都一一照办了。在电话采访中,他说他夫人身体不好,我还感觉他的耳朵不好使,但能听出他身边可能是他女儿在给他当"翻译"。他给我介绍了他在江津生活和学习以及发表处女作的故事。

抗日战争爆发后，日军侵占华东、华中等地，沦陷区大批难民和学生涌入大后方"陪都"重庆，当局就在江津兴办了九中，九中高一分校位于江津长江对岸德感坝后山一个叫"蜘蛛穴"的地方。这里约有300名学生，多是从安徽和东北来的人。

王火就是这里的学生，当时叫王洪溥。他1924年出生于上海一个知识分子家庭，6岁时随父亲王开疆来到南京。父亲是一个思想很革命的人，与友人聂海帆创办了三吴大学，掩护救亡运动。但汪精卫伪政权利诱威胁，想让他担任伪中央委员等职，但他誓不为日本人服务，终于凛然赴义，蹈海明志。这对王火打击很大，少年王火积极投身到抗日宣传中。1942年7月初，18岁的王火由上海到南京，去合肥冒险偷越日寇封锁线，步行至河南洛阳，后经陕西入川到重庆，终于到江津投奔在县城做律师的堂哥王洪江，就在这一年王火考入了九中高一分校。

1943年夏天，九中高一分校发生了一起震惊"陪都"的学生中毒事件。这天早上，上完早自习的学生纷纷拿着小瓷碗去食堂吃早饭，早餐仍然是稀饭和馒头。约莫20分钟后，可怕而又奇怪的事情发生了，学生东一个西一个地倒下，床铺上、教室里、操场上、草坪上到处都躺着学生，就连厕所里也有。学校马上就明白发生集体中毒事件了，横七竖八躺着的学生，有的一动不动，有的痛得打滚，有的在呻吟，有的口吐白沫……，样子非常令人恐惧和凄迷。

中毒的学生共有120多人，严重的有60多人。王火没有中毒，他看到这场面很是揪心，马上参加了老师组织的施救行动。校医室里只有几瓶紫药水、酒精、碘酒，面对这突发的群体中毒事件，校医束手无策。有人建议说，给中毒者灌些肥皂水让他们将吃的稀饭馒头吐出后就会好转，但这个办法反而加重了中毒学生的痛苦。附近的一个农民跑来说，让中毒学生吃生鸡蛋就能解毒，于是，王火立即跑到附近的张氏祠等几个农家小院买鸡蛋。农民很善良，听说是为了给学生解毒，就不收一分钱。但王火收回的一书包鸡蛋也无济于事。

上午9点，王火和其他师生将这120多名中毒学生分批用小木船运到学校对岸的江津县城。县城的卫生所在东门，但上午9点过了还没有开门。中毒学生七倒八歪躺卧在东门公园的廊凳上，大多昏昏迷迷，表情痛苦。赶来的德感坝和县城私人诊所的张熙尧和张思寿医生，因为药品短缺只能对中毒者作简单处理。大家心急如焚，终于等来姗姗来迟的卫生所医务人员，他们满不在乎、慢条斯理地开门、扫地、抹桌，然后登记。大家见状都喊："快出人命了，搞快点嘛……"

颇有经验的张熙尧建议立即给严重的中毒者注射麻黄素、打强心针等，但卫生所医生根本不予采纳，一律给中毒者注射葡萄糖药液。到上午11点才处理完。晚上8点，中毒学生才开始慢慢地苏醒。

当天下午，重庆稽查处和江津稽查所人员进驻学校，对所有老师和学生进行调查，特别是对包括王火在内的未中毒学生调查甚密。经技术鉴定，学生系砒霜中毒，问题出在食堂上。他们抓去了一个姓窦的东北学生，他的嫌疑最大：一是因为他是学生伙食委员会成员，二是这天早上开饭前他有进入食堂的机会，三是他本人没有中毒。他被抓到重庆后关进了监狱，但他一直没有承认投毒一事，直到两年后他死在狱中,此案成为无头案——这是后话。

学生中毒事件发生后的几天晚上,王火都久久不能入睡,一天晚自习时,他写了一篇措辞犀利、语言尖锐的评论文章《九中就医学生感言》,投给了《江津日报》。报纸很快就发了这篇不到1000字的文章,这是1943年的事。当王火在学生宿舍读到这篇文章时,心里非常激动。报纸送到学校后同学们都争先传阅,学校将报纸贴在报栏内。这篇文章对卫生所的官僚主义和医生的冷漠进行了抨击。写得生动有力,在表现出王火正义感的同时,也显露他思维的敏锐。同学们都说这文章对医院的抨击令人痛快淋漓……

这是王火第一次发表文章,《九中就医学生感言》是他的处女作。自己的文章变成铅字被人传阅,对于一个少年来说,那份自豪和喜悦可想而知。由此,王火自然对写作热爱起来,他意识到为民喉舌的重要性。

1944年,王火在江津高中毕业后,考上了复旦大学新闻系。从此王火不断练笔,常有小说、散文、特写在重庆的报刊上发表。

在我对王火的采访中,他还告诉我一个在江津发生的鲜为人知的事。

王火的夫人叫凌起凤。她随父亲凌铁庵寓居江津县城。凌铁庵是"辛亥革命"著名元老,安徽人,是孙中山在日本东京组织的中华革命党重要成员之一,孙中山派遣他回上海任中华革命党驻沪主盟代理人。抗战全面爆发,凌铁庵寓居江津,因患眼疾,就由女儿陪护,为其读书读报。当时同为安徽人的陈仲甫也寓居江津,1942年3月21日,重庆《大公报》发表仲甫文章《战后世界大势之轮廓》,文中有点儿表现出对抗战悲观的情绪。当时在东门广场召开了另外一个群众大会,应邀参会的凌老先生在女儿凌起凤的搀扶下,突然站起,发言猛批仲甫,此时会风陡转,全会哗然,主持人不知所措。这事引起了轩然大波,当时的《江津日报》就披露了此事。

图2　王火与夫人凌起凤

1949年后,王火开始了他更为广阔的文学创作生涯。用四十年完成史诗型巨著《战争和人》。几十年里,他出版著作多达30余部,如长篇小说《节振国传奇》和散文集《西窗烛》等,可谓著作等身,还多次作为文化使者出国访谈。1987年,王火离休,但仍笔耕不止,频频在《人民文学》等刊物上发表作品,不时有新书出版。此时的他,在创作上真可谓舒卷自如,炉火纯青,硕果累累。

王火曾对我说:"江津不仅留下了我的中学时代难忘的记忆,而且留下了我的初恋。我在江津,迈出写作的第一步……"

记张德成的川剧高腔表演

胡平原

张德成[①]的川剧高腔表演，以字正腔圆、嗓音清晰，萦绕在川渝老百姓的耳畔；以传神功夫、扎实功底，展现在老百姓的眼前；以塑造民族英雄形象和讴歌民族英雄精神，屹立在川渝的文化艺术舞台。

张德成

苦学川剧，立足重庆

张德成出生于清光绪十四年（1888年）腊月十一日，祖籍四川自贡。父亲张文田是位私塾先生，母亲李氏。张德成兄弟二人，大哥张明德也是川剧名演员。张德成3岁丧父，5岁便跟随舅父下窑拉煤谋生。7岁拜"玉升班"的宗吉山（艺名白甘蔗）为师学艺。10岁便在资阳、内江、自流井一带博得了"双偏蓓"的艺名，后又转搭"群林班"，拜"活关羽"黄炳南为师，技艺大增，声名鹊起。可是好景不长，一次，他在"换童期"中没有翻过变嗓的"铁门坎"，不幸嗓子沙哑，无法上台演出，只得困守家乡。

20岁时，嗓音仍未恢复。迫于生计，勉强出外搭班糊口，辗转资阳、内江、泸州各地，漂泊流浪。演主角当然不可能，演配角也多次被观众轰下台，甚至连扮不开腔的杂角，也因身长体瘦，常遭班主拒绝。就这样三天一转班，五天一换地，往往夜戏演完，就被班主"开销"离班，只好另找其他班子。在艰难困苦中，张德成并没有放弃对艺术的追求。他每天坚持苦练基本功，练嗓练唱，用心看戏，专心学艺，抄写老艺人的口述剧本。对愿意教他的老师，他都恭敬认真地学；对不愿意教他的老师，他就趁别人演戏时悄悄站在马门上"偷"学。他常常主动求教于人，但每当被对方拒绝，甚至遭人挖苦，他都毫不在意。

1915年，他在合江搭班，第一天演《别宫出征》，因嗓子沙哑而遭到哄闹。卸妆后刚走到住地，戏管事就面带微笑交给他一个红封包，说是班主送给他的。张德成以为是送给他的路费，打开一看，竟是用来烧给死人的冥钞一千元，如此侮辱人！尽管遭遇这些无情的打击，可是他矢志不渝，更加勤奋苦学川剧艺术。

[①] 张德成的相关资料参考《西南抗战近代文化名人丛书》，抗战时期川剧名人张德成。

张德成(中)演出剧照

张德成27岁时,顺长江而下,路过重庆,想试着在重庆搭个小班子。由于平时"碰壁"太多,自己胆怯,不敢直接去见班主,便先找到同乡人曹黑娃,想了解一下重庆川戏班子的"行情"。曹黑娃就是曹俊臣,为川剧名演员,人称"曹大王"。在曹黑娃的保荐下,张德成在重庆翠芳茶园(位于今小什字)搭班,唱配角。在班子上唱了两三年的"下肆角",嗓子逐渐恢复了。一次,偶然的机会,须生卢草廷临时缺场,眼看戏有停演的危险,曹黑娃提议由张德成暂时顶上去。张德成鼓起勇气唱了《龙凤剑》的主角。开始班主和同行们都捏着一把冷汗,怕他演砸了,不料张德成居然一炮打响,博得了满场观众的热烈掌声。他的嗓子终于恢复正常了,这时他三十岁,精力充沛,豪情满怀。这时的张德成,价也由每天4串钱上升到10元钱。他在山城须生中的叫座能力,已胜过早享盛名的卢草廷。为追求艺术上的更高境界,张德成决定离开已经打开了局面的重庆,到各地闯荡。几年之中,他的足迹踏遍内江、泸州、宜宾、荣县、富顺、自流井、沿滩、大安等地。访遍了资阳河一带所有班社和当时所有的名演员和鼓师。如"戏状元"岳春(名丑),名鼓师钟瑞林、李满满等。其间,他还结识了不少有名的文人,如泸州的温彼泉、温菊先、朱育臣,成都的康生、王康侯,自贡的余焕文、王绍凤,内江的刘师亮,江安的杨焕文,双流的李凯之等。张德成学百家之长,补自己之短,立足重庆,声名鹊起。

自成高腔,扬名于世

川剧的声腔是戏曲区别于电影、话剧等艺术的标志之一,也是此剧种与彼剧种之所以不同的重要依据。评论一个演员的艺术水平,总是以"唱得好不好"作为标准,故唱腔艺术在任何一个剧种中都具有重要的地位。张德成把川剧的唱、念、做、打等艺术因素比作群龙出入于一出戏中,而唱腔则是"群龙之首"。由于川剧唱腔是受制于传统"曲牌"和"板式"的,所以张德成长期致力于高腔[①]曲牌的研究,数十年如一日,贡献之大。

张德成编著的《川剧高腔乐府》一书,百万余字,对川剧高腔曲牌的源流和每套曲牌的规格、调性、功能、唱法、用途,都作了详尽的论述,是川剧历史上第一部资料较为完整的系统论述高腔曲牌的书籍。此外,他还先后发表了《唱讲做默》、《谈"红袖袄"的唱腔运用》和《谈"青袖袄"、"香罗带"及其

---

① 川剧高腔源自江西的弋阳腔。单以"声腔"而论,亦统称"高腔"。

比肩曲牌的性能和运用》等文章,对高腔曲牌以及川剧演员唱功锻炼提出了独到的见解。作为一个川剧演员,他认为:首先,要弄清楚每支曲牌的含义和作用,然后掌握曲牌的不同用法、唱法的要领;其次,要把文学剧本提供的丰富情节通过优美的唱段,塑造出有血有肉的人物形象来;再次,曲牌要灵活运用,要唱得出神入化,既要按曲牌规范,又要超出其间,即既要按曲牌本身赋予的喜怒哀乐的基本要求,又要通过演员的唱腔艺术创造,唱出截然不同的情调,以展现出剧中人"活"的思想感情。如他在《别宫出征》一剧中起腔镇调的"鸾凤分飞"一句,突破传统唱法,对于"凤"字运用了高亢激越的扬声唱法,以突出离愁之悲痛,染其环境之紧迫。但又并非只扬不抑,或只抑不扬,而是抑扬得体,疏密有致。最后一个"飞"字,又采用高音低落的行腔手段,使整句腔型跌宕婉转,情真意笃,把梁武帝对金、苗二妃一片真心、惜别依依的感情表现得淋漓尽致。在唱到"王愁卿形销骨立,妾愁君远征边邑,好对双莲女,怕折病头枝"这一大段对口唱词时,他并不受曲牌基调的约束,而是根据人物性格和剧本情节的需要,既表现出梁武帝怜爱二妃,怨恨别离的心情,又表现出对郗氏的强颜敷衍、沉郁凄婉的情绪。

张德成在唱到"梁天监擦衣离龙位"一句时,显出苍劲挺拔而又带有满腹愁肠的韵味。前面"梁天监"三字的行腔,高起低回,有助于演员对唱腔艺术的发挥。因为"梁"字是阳平,"天"字是阴平,"监"字是去声亦即仄声,这样处理既合乎平仄音韵,又有利于"扬"声上走,"抑"腔下行的规律。后面的"但开言尊一声王的郗氏妻,王爱你爱你真爱你"这一大段唱腔,他在作艺术处理时也不完全受曲牌"离愁别苦"的制约,而是反其意而行之,清润流畅,音圆腔随,时而声腔向上高行,清脆嘹亮,娓娓动听,时而旋律下走浑圆跌宕,风流潇洒,表现了典型环境中人物的典型性格。这段唱腔成了后来川剧须生唱腔运用曲牌刻画人物的典型范例。那时学艺全凭口传心授,没有形成文字的理论作指导,唱得好孬,只有靠自己用心琢磨体会。在那样的条件下,张德成能率先总结出一套关于唱腔的经验,并带有一定的理论性,这是非常可贵的。如他在《唱讲做默》一文中阐述唱功时,就着重强调演员的唱必须掌握正确的方法。他指出:"有些人喉咙好,可就是唱起来不悦耳不动听,其原因就在于他没有掌握正确的唱法。而有些人的嗓子并不怎么好,唱起来却韵味十足,还唱出了名。"他又指出:"嗓音对于演员固然重要,但学习和掌握科学的唱法更为重要。"

在唱腔方面,张德成认为:首先要找到齿、牙、唇、舌、喉五个部位在发声中的准确位置,其次要掌握开、齐、撮、合的口型变化。因此,他提出:一个演员必须弄透彻川剧的"十三个半韵"以及平、上、去、入四声的规则。在唱词中遇上平声字该怎么唱,仄声字又该怎么唱,这都是有讲究的。他主张在台上应该剔除唱词中的"方言土语",要求语言的规范化。这些在当时的历史条件下都是具有创造性的独到见解。川剧演员对于气息运用的研究是近几十年来接受了西洋"科学发声"的理论后才盛行起来的。可是,张德成在20世纪30年代就开始琢磨气息对演员唱腔的影响了。他认为:一个好的川剧演员就必须在运气和用力两个方面上下功夫,放腔要靠运气,气不足腔想唱好必然不可能放长。因此,学习运气应先练习深呼吸,要学会把气吐长。气忌浮,更忌散。吐字贵在善于用力,要运用丹田气,才能达到字正腔圆的效果。

张德成演出剧照

在川剧唱法上,张德成总结出四个字:"审、领、准、稳"。首先,"审"剧中人物性格,用什么样的唱腔才能完美表现;其次,"审"在什么地方该"高腔";再次,"审"哪些唱段是全剧重点;从次,"审"唱词中哪些句又是突出点;最后,在重点唱句中又要"审"哪几个字该抑或该扬,该快或该慢等。在"审"出了重点唱句后,就要在唱时注意劲道,突出重点字,以"领"起全句。并使之贯穿一气,让人听起来感觉到有意、有情、有韵、有味。开腔要审,行腔要领,唱来要准。他这里的"准"有多种含义,即调要准、板要准、字要准、腔要准。调"准"便不黄,板"准"便不顶,字"准"无杂音,腔"准"则不杠。在达到了"准"的要求后,就要做到"稳"。所谓"稳",就是深沉踏实,不飘不浮,不油腔滑调,不乱耍花腔。"审、领、准、稳"虽只是张德成在几十年的舞台实践中探索总结出的经验,但它是符合川剧艺术创造的规律的。

表演艺术,自成一派

张德成川剧表演①的艺术可谓"神形兼备,入木三分"。他塑造的众多舞台艺术人物都各具特色、鲜明生动、感人至深。

1941年夏天,张德成在重庆演出《一品忠》,又名《孝孺草诏》。剧情描写燕王朱棣夺了建文帝的皇位,举行登基大典时,方孝孺拒不从命草拟诏书,虽遭割舌惨刑,依然威武不屈。这出戏在当时对蒋介石迫害爱国民主人士有影射作用,故在陪都引起很大反响。剧中张德成把方孝孺这个角色的表演归纳为"悲、斥、愤、怒、驳、责、抗、烈"八个字。角色在内场放"马门腔"的第一句台词,他分作"天愁""地惨""悲悼"三个部分唱出来,从膛音口劲上取腔吐字,特别着力重下。角色还未出场,就先造成一种"先声夺人"之势。

他出场后,满身孝服,表情愁苦,动作缓慢,结合唱词道白,以表现其"悲"。当太监催促他走快些时,他唾太监之面以"斥"之,这里的斥太监,实则是斥燕王,因为太监是奉燕王之命来的。

传统的"二黄一字"板,每句都有很长的胡琴"过门"伴奏。他锐意创新,将四句"一字"连接起来,一气唱完,然后再用丧棒一左一右地打太监,边打边唱,这样就把痛"斥"的气氛表现得非常充分。当听到内场响起行刑鼓,他先是一惊,再一愣,手微颤抖,头略摆动。见到刽子手押着几个大臣到刑场

---

① 川剧表演体现在唱腔优美、表演真实细腻、别致传神、诙谐风趣,舞台形象典雅,生活气息浓郁。

时,他双脚向后一退,两手向下一垂,身子前倾,这几个小动作把角色的"责"之激情表现得淋漓尽致。程英持剑上场,监斩忠臣义士,这时他勃然大怒,扬起丧棒沉重地打在程英头上。唱腔使用情绪激昂的"三板",边唱边打。一面甩动髯口,打左边,髯口朝左甩,打右边,髯口朝右甩,以表示"怒"气之不可遏止。在锣鼓点子中"磨困台"。然后将步法由慢转快下场。

燕王朱棣上场,宣召方孝孺为其草诏。一问一答的大段对白,张德成以质问和藐视的口吻,对燕王的提问进行辩驳。这段戏矛盾冲突十分激烈,但他并未采用"吹胡子瞪眼睛"的肤浅表演,而是用眼神的斜视,袖口的轻抖和柔中带刚的语气,以静制动,抓住一个"驳"字做文章。当燕王理屈词穷、张口结舌时,他在表演上来了陡转急变,精神抖擞,以居高临下之势,每一句台词用一个单锤以加重语气渲染气氛。八个"单锤",交代了八件往事,声调从头句起,一句比一句高亢,到"此所谓外夷无扰,独夫你在内室操戈"这两句,便以低而沉的声音讲出来。从艺术上说,使讲语具有高、低、抑、扬的变化,避免了单调刻板。从技巧上看,它是为后面更高昂的语气作准备。最后,"不忠不孝被你一人占齐,你还想做皇帝呀"一句,又以低沉的语气讲出,把一个昏君的形象表现得无比生动。燕王毕竟是坐上"龙位"的皇帝,不遵"君命"则为"抗命"。故张德成在表演上尽量少出手动脚,以稳重镇定的气度来突出一个"抗"字。唱完一句"三板",配合一阵锣鼓,右手握丧棒笔直立地,左手高于右手之上,形体岿然不动,表示一抗到底决不动笔。后来的挖眼、割舌、被杀,整个表演恰如其分,把一个忠臣的壮烈形象扮演得活灵活现。

1941年初冬,张德成接郭沫若的指示,政治部第三厅的官员提出要看一台川剧,一不声张,二不宣传,就在剧场贴张戏报,只演四个折子戏。于是,张德成将他的《一品忠》为《忠》、奎娃的《甘风池夜奔》为《孝》、阳友鹤的《三祭江》为《节》、周裕祥的《拾黄金》为《义》安排去汇报演出。此事,张德成专程向郭沫若作了汇报,郭沫若非常满意,并说:"这是一场特殊的演出,力求要收到一场特殊收获。德成先生,你懂我的含意吗?"张德成回答:"先生放心,我全懂。"郭沫若补充说:"只能意会。"张德成说:"不能言传。"二人相视大笑。几天后,他们就去政治部礼堂演出,组织者约法三章:"一不许偷视台下观众;二不许参观军事重地;三不许私下舞台会友。"礼堂的舞台左方挂了四块戏牌,分别是《忠》《孝》《节》《义》,没有报幕员,开场锣鼓一响就开演了。这四个戏依次演出,演员们特别卖力,表演精彩,锣鼓帮腔,动人心弦。台下,一帮政治部第三厅的官员们听得如痴如醉。谢幕后,观众一个都没有走。

张德成演出《柴巿节》的剧照

演出后的第三天,张德成向重庆川剧演员协会会员传达了郭沫若的意见,内容是:"演员先生们辛苦了!我代表政治部第三厅谢谢大家!戏演得非常成功,这些人接受了一次中华民族的道德观念的忠孝节义的教育,如何对待国家和人民,并希望他们多看川剧,好好接受民族教益。"郭沫若还说:"这一场特殊演出,你们也得到了特殊的收获,文艺是尖锐武器,它能无情地刺向敌人。团结人民。希望你们保持抗战救国的战斗精神,中华儿女不会忘记你们这一代川剧人的人生价值,祝贺!"大家都沉浸在演出成功的喜悦中。

不久,张德成收到郭沫若为他的演出题诗一首:"棱威一代明成祖,骨鲠千秋方孝孺。纵使舌根能断绝,依旧有口在吾徒。"

张德成备受鼓舞,回诗一首敬赠:"千锤百炼出深山,烈焰光中走一番。粉身碎骨浑不顾,只留清白在人间。"

抗战时期,张德成作为重庆川剧的领军人物,他带头捐款1000元,掀起了戏剧界人士的捐献热潮。重庆"五三""五四"大轰炸后,国民党当局以便于人员疏散为名,命令"大新民""章华""又新"三家川剧院停业,强迫合并在一起演出。很多川剧艺人一下子变得生活无着落,张德成便私人拿出900元,交由傅三乾、黄跃廷二人带一批人到涪陵、丰都一带演出,以帮助被裁减艺人克服困难。并组织留在重庆的其余艺人在石灰街和布市街两处重新售票演出,以解决大家的吃饭问题。由于张德成经常参加一些进步的社会活动,引起了反动派特务爪牙们对他的注意与仇视。

1946年,震惊中外的重庆较场口事件发生后,反动派对张德成的迫害加剧了。他们先是用各种手段把他挤出"又新",继而又在"得胜"舞台为难他。在"得胜",特务们坐在剧场中,待他一出场,便大喝倒彩,肆意哄闹。他的人身安全也受到了严重威胁。张德成于是被迫离开舞台,回到华岩乡间的老家中休闲度日。

1949年,重庆解放,重庆市人民政府派人到张德成的家乡将他接到重庆,此时的张德成已是60多岁的老人了。新中国成立后,张德成历任重庆市实验川剧院院长、西南川剧院院长、四川省川剧院院长、重庆市川剧院院长、四川省川剧学校校长,中国人民政治协商会议全国委员会委员等职。

1950年春,张德成出席了在北京召开的全国戏曲工作会议,受到周恩来等中央领导同志的亲切关怀。

1958年,文化部将他的《一品忠》《渡兰关》拍摄成舞台艺术纪录片,为川剧界研究张德成表演艺术提供了宝贵的资料。张德成是川剧表演艺术的一代巨匠和泰斗,他的表演艺术成就对于川剧事业的发展有不可低估的作用。

艺苑

《毛相林》 玻璃钢雕塑 张俊德（重庆）

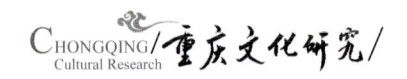

《坝下风景》 油画 韩利平（湖北）

《根·记住乡愁》 油画 梁跃(重庆)

《家乡的雪》 油画 彭晓希（江苏）

《今日重庆》 油画 吴本新(重庆)

《老宅霓裳》 丙烯 陆岩（北京）

《人民的护身符》 丙烯 张蕾(重庆)

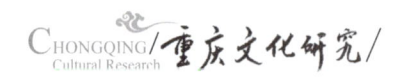

《烈火青春》 油画 刘春（四川）

《守护神》 中国画 谭市民（重庆）

《白族火把节——火火的民族》 油画 谢振华（云南）

《大竹林记忆》 水粉　王建渝（重庆）

《正是秋高气暖时》 水墨 胥甲军（湖北）

《国之重器》 油画 周红梅（重庆）

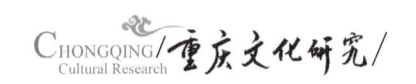

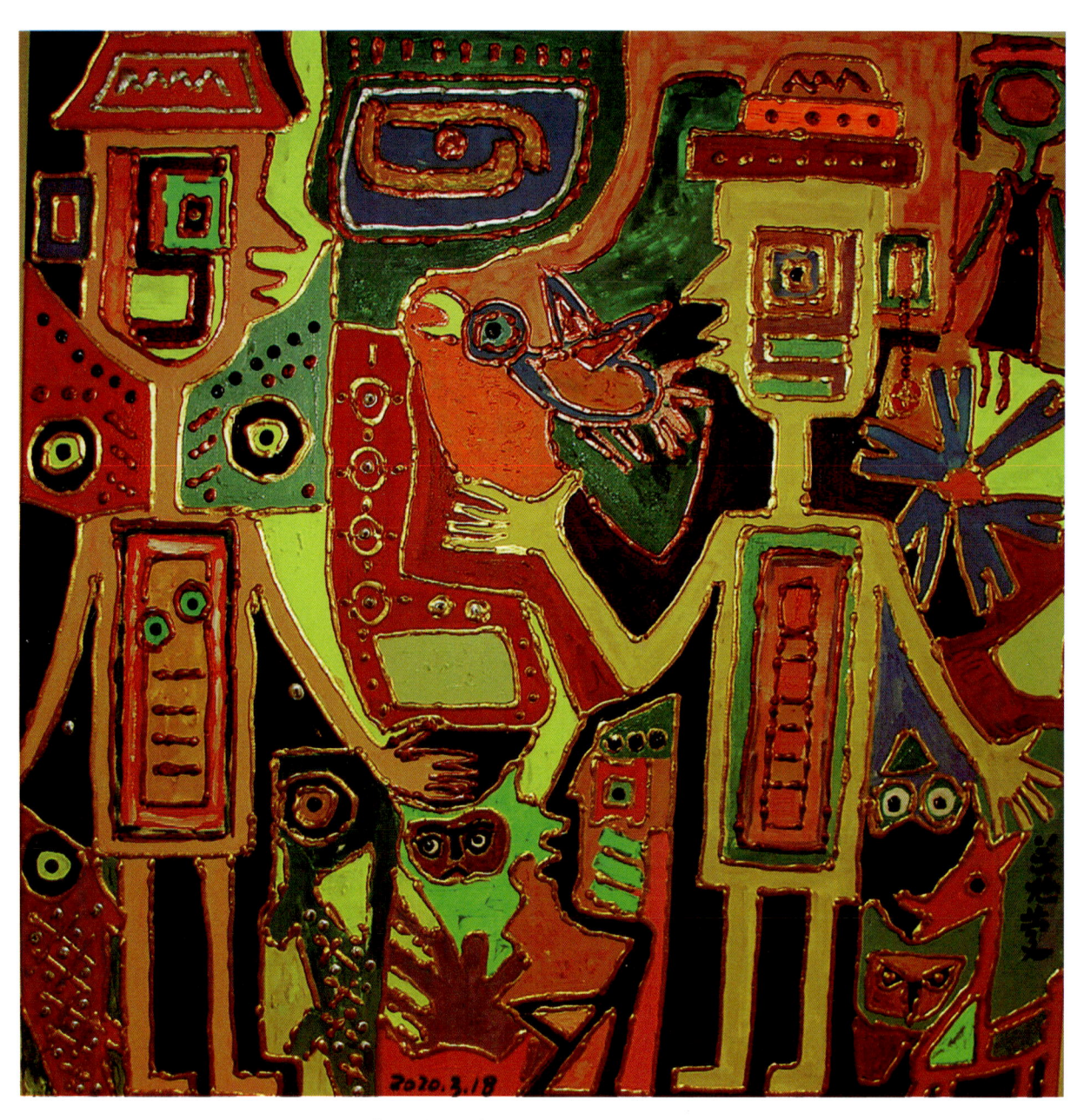

《万类竞自由》 万兆庆 丙烯（山东）

《江北旧城潮音寺》 中国画 杨哲三（重庆）

《晒太阳》 中国画 吴融（重庆）

为书香重庆建设提五点实作建言

蓝锡麟

据2022年5月21日《重庆日报》报道，市政协于此前一日召开会议，贯彻落实市委传承历史文化建设文化强市座谈会精神。会议强调要组织政协委员多读书、读好书、善读书，为书香重庆建设作出积极贡献。要推动委员读书与履职紧密结合，在读书中建言资政，在读书中凝聚共识。我虽然早已不是政协委员，但身为文史馆馆员，对这一举措也相当动心。多年以前我曾提议在全市各级干部当中开展"每月一书"活动，现在扣住多读书、读好书、善读书这三点，另提五点实作建言。

一、了解书香源流，选择读书取向

多读书总是相比较而言的，身为当代中国人，直接关系到政治站位、思想修为的书自然不可少，有关专业新知识、生活小常识之类的书也不妨选读一些。但若着眼于传承历史文化，建设文化强市，追溯当今重庆的历史文脉，了解巴渝书香的古今源流，便成为择善而从的必要前提。五年之前问世的《巴渝文献总目》，当是了解巴渝书香古今源流的可靠依据。

《巴渝文献总目》的搜罗范围上自先秦有巴渝文字载籍之始，下迄1949年政权鼎革之际，著作类文献合计列目7212种，其中古代篇列目1707种，民国篇列目5505种。古代篇略加细分，先秦至六朝列目24种，隋唐至两宋列目135种，元明清列目1554种。文献数目的由少变多，从一个特定向度充分地反映出，位于巴蜀文化圈东南边缘与荆楚文化圈西北边缘交叉形成的巴渝文化圈，先秦至六朝长期处于发展态势，隋唐至两宋方才有所振起突升，元明清阶段才趋向繁荣。但在民国时期的37年间，特别是抗战时期，重庆文化蓬勃发展，甚至于一度成为全中国首屈一指的文化高地，其间耸峙着多元文化高峰。重庆步入国际大都会序列，重庆人产生国际大都会意识，以红岩精神和抗战精神为主要标志的重庆人文精神迸发出强大的生命力和持久的辐射力。其中固然有既往历代先民的奋斗基因，但归根结底，这种精神是在民国年间，尤其是抗战期间，经血火淬炼升华形成的。如此，要知晓重庆历史流变，要弘扬重庆人文精神，该如何选择读书取向，认同者都会心中有数了。

我的看法是，对于非专业研究者的大多数人而言，能在一两年内选读十来本书就挺不错。史志类的书，我推荐五本，即晋人常璩所著《华阳国志·巴志》，明人曹学佺所著《蜀中名胜记》，清人王尔鉴主撰的乾隆本《巴县志》，近人向楚主撰的民国本《巴县志》，今人周勇主编的《重庆通史》。除此之外，尽可以根据各自意愿，另找几本历史类或文学类的有关红色文化、抗战文化的专著、名著来读。用不着避嫌，我受重庆出版社委托而主编的《重庆记忆》图文丛书，2022年内即将由该社出版，也有一读的价值。

二、不分本籍外籍，重在求实存真

重庆文化与其他地域历史文化一样，从来都是在其热土上生息过的所有人，包括本籍人和外籍人，有所发现、有所创造的共生成果。写重庆的书，同样出自本籍人和外籍人手笔，不少情况下外籍人的相关著述还比本籍人的相关著述更客观可信。今之人和后之人择善而从，理当把出发点和归宿点都着重放在求实存真上，而不分其为本籍人抑或外籍人所著，若有分歧则多方参阅各种著作。

一个突出的例证，系1259年蒙古大汗蒙哥死于钓鱼城之战，是否果真如不少重庆本籍人士著述所称，改变了世界历史格局。读一读蒋国维、向群、唐同明主编的《世界史纲》，刘明翰主编的《世界史·中世纪史》，彭树智主编的《阿拉伯国家史》，刘庆、毛元佑所著的《世界中世纪军事史》，弗朗西斯·鲁滨逊主编的《剑桥插图伊斯兰世界史》，索科洛夫所著的《影响人类历史的100场战争》，以及周勇主编的《重庆通史》等书，便会醒悟，所谓"上帝鞭折钓鱼城"之说根本就是一个牵强附会之说，蒙哥之死并没有改变世界格局。真实历史是，蒙古铁骑第二次西征欧洲早在1242年便结束了，其先、其后欧洲十字军一直都在忙着东征西亚地区；蒙古铁骑第三次西征西亚地区始于1252年，在今叙利亚一带与持续东征的欧洲十字军，特别是持续北上的埃及马穆鲁克军队交错争斗，直至1303年方才终战。全凭多读了这么些书，才得以去伪存真，明白相关历史的真相。明白了真相，对于科学评价钓鱼城之战在重庆历史和中国历史上所具有的重大意义，反倒更加有利。

另一个突出的例证关系到重述秦良玉。在王群生主编的《重庆历史名人典》中，明确宣传秦良玉是中国正史唯一记录的巾帼英雄。秦良玉的确很了不起，值得后人为她立传，但"唯一"之说并不可信。比秦良玉早约1000年，《隋书·谯国夫人传》便已记录女将冼英（也称为冼夫人），传文长短不亚于《明史·秦良玉传》，周恩来曾称她为"中华巾帼英雄第一人"。而《唐书·列女传》内，也有好几位抗御突厥的女将小传，只不过传文短些罢了。与秦良玉同时期、同地域的，还有《明史·酉阳土司传》中记载的酉阳宣慰使冉跃龙及其妻舒夫人（今之酉阳人称其为白夫人，墓在后溪），他们同秦良玉一道参与了平播、援辽、平奢之战，舒夫人因战功受封为诰命夫人。套用"兼听则明"这个词，这可以叫"兼读则明"。

三、放开文化视野，挖掘史料价值

多年来，《明史·酉阳土司传》未能引起广泛关注，不能不说是个遗憾。究其实，其史料价值不仅限于如上所述，对于研究土家族历史、酉阳地方史和土司制度史也都相当珍贵。较之尤为珍贵的，乃在《晋书·王濬传》和《隋书·杨素传》,以及与此两传密切相关的《资治通鉴》的《晋纪一》《晋纪二》《晋纪三》和《陈纪十》《隋纪一》中。

为什么这样说?拙文《重庆历史上两个不该被遗忘的人》(已收入拙著《重庆天地人》,纳入《重庆记忆》丛书,即将出版)中已有详尽论述,姑不俱引。简言之,从公元前221年秦王朝建立起第一个中华民族统一国家,到1911年清王朝退出历史舞台,上下2132年间,曾出现过三次全局性的分治局面。第一次分治发生于184年至280年之间,西晋任巴郡太守、后任益州刺史的王濬为灭吴头号功臣,如刘禹锡诗中所赞那样,"王濬楼船下益州,金陵王气黯然收",重新恢复了统一局面。第二次分治发生于317年至589年之间,是隋朝信州(治在今奉节县)总管清河公杨素与晋王杨广、秦王杨俊为行军元帅,三路进军灭陈,重新恢复了统一局面,此三人战后论功在诸将之上。这两次重新实现统一,重庆都是重要根据地。如果与后来的宋元钓鱼城之战以民族和解告终,抗战时期重庆成为战时首都合起来看,四大历史性节点充分显示,重庆在中华民族国家发展史上占有非常崇高的地位,其他的城市鲜可比拟。王濬和杨素,还都列名于中唐时期认定的,从西周至盛唐的64位名将榜上,《重庆历史名人典》中列入的所有古代名将都不能望其项背。若文化视野老是局限于已知范围之内,岂不埋没了如此珍贵的史料的价值?重庆这个英雄城市在中华民族国家发展史上的崇高地位岂不未能被充分认知?

即便仅就重庆本籍文化著述而言,也存在着需要放开文化视野、超越已知、关注未知的类似问题。既往研究者的关注点,多集中在艺文类、史志类、哲理类,所以显得有些冷门。究其实,诸如胡长清所著《民法总则》《契约法论》,潘大逵所著《欧美各国宪法史》《中国宪法史纲要》,董时进所著《农业经济学》《国防与农业》,任鸿隽所著《科学概论》及其与他人合译的《科学与科学思想发展史》,在成书当年,都曾处于其所在的法学、农学、自然科学研究论著的前列,价值不可低估。将它们重新挖掘出来,不仅是对前贤应有的尊重,而且有利于今之重庆人提高文化自信。

四、消除从众心态,多作科学诠释

上述的阅读之所以会忽冷忽热,原因肯定不是单一的,但人们的从众心态必然起着不可忽视的作用。而今而后,这种现象仍然会存在,并不是不具备其存在的合理性和有益性。但一味从众择书、读书,毕竟只能视作爱读书(不排除读的的确是好书),却还不能称为善读书。由爱读书进至善读书,必须养成自主择书,特别是读后能够作出科学诠释的自信心和自制力,还要能够与人分享交流。

不妨以说解张鹏翮为例。如今在潼南,基于廉政建设现实需要,上下左右竭诚推尊张鹏翮为"大清廉相"。毋庸置疑,其人一生为官清正,当之无愧;潼南方面专注于廉洁而弘扬正气,也理由充足,未可厚非,并且可以较长时间坚持下去。但若换一个阅读取向,着眼于准确而全面地认识张鹏翮,就不是一个"廉"字就能统括得了的。他有《奏议》12卷,显示出了多方面的从政才能和胆识。他有《奉使俄罗斯记》,记录了他随同保和殿大学士、领侍卫内大臣索额图巡视中俄边界,谈判签订《中俄尼布楚条约》的特殊经历,显示出了爱国情怀和外交才能。他有《治河记》10卷,记录了他担任河道总督,治理黄河10年的方略和经验,显示了他的管理能力。他还有《如意堂诗文》遗世,其文学才华亦自昭彰,由此数端而位极人臣,加封为太子太保、文华殿大学士,可以说他是凭着勤勉和干练走出来的。诚如雍正诏张鹏翮入贤良祠祭文评价的那样,他一生"志行修洁,风度端凝。通籍词垣,旋效旬宣之绩;分司郎署,益征屏翰之才。十年殚力于河渠,疏凿之功丕懋;耆岁浮登于台鼎,敬勤之志弥彰"。他的德、才、勤、绩,无不出类拔萃,委实堪称中华传统文化中的贤良楷模。读其书,知其人,嘉其品,扬其风,推而广之,从实传承贤良文化,无疑比单讲廉洁的意义大得多。

同入《重庆历史名人典》,在世略早于张鹏翮的王应熊,明末也曾经官至兵部尚书、文渊阁大学士。《明史·王应熊传》记载,其人"博学多才,熟谙典故",尤工诗,著有《春石集》,为政、领军都表现不俗。但另一方面,他又性格"溪刻强很,人多畏之",在朝中结党营私,贪污,"无大臣体",被弹劾。乞休归里期间,纵容和包庇其弟王应熙横行乡里,逼死倪斯蕙,激起公愤,乡人赴京联名控诉。其德不配位,实昭然若揭。如将《明史·王应熊传》与《清史稿·张鹏翮传》对比着读,社会历史认识效益必定会是"一加一,大于三"的。

五、甘坐十年冷板凳,换来无数新辞章

阅读方式多种多样,因人而异,因旨而异。其中有一类叫作专向探究性阅读,通常以广搜博取、抉隐发微为特点。为钩沉史料,溯源故纸,有志趣的研究者们多会信奉一句传世名言,"板凳要坐十年冷,文章不写半句空",为之衣带渐宽而不悔。要多数人都这样做,不可能也没必要,但为文化传承和弘扬,总必须有一些人甘坐十年冷板凳。

我个人交友所及,凌承纬便做到了。他从1988年开始,关注和研究新兴木刻版画,陆续有专著问世。退休后,先后在西南大学和四川美院领衔组建专业团队,逐步把研究方向集中到了抗战大后方的版画和漫画,兼及其他美术形式。他以身垂范,带领团队教师和研究生,多年潜进式地泡在重庆图书馆,几乎把抗战期间的美术信息和相关著述搜罗殆尽,持之以恒地进行海量阅读。资料为王,论从史出,他相继出了几本专著和大批论文,同时培养了好几十位青年才俊。最新的成果,是他和张怀玲合著的《刀与笔的战斗——抗战大后方美术史研究》一书,洋洋洒洒43万字,于2020年11月出版。中国美协主席、中央美院院长范迪安评论说,这本书的新视野、新史料填补了许多空白,在重大学术研判上具有很强的思想性、时代性。而其与重庆、四川、云南、广西等地其他的研究成果合在一起,就已经成为20世纪前半叶中国美术研究不可或缺的重要内容,为构建20世纪中国美术研究的总体格局起到了积极作用。

凌承纬的所作所为值得推广。据我了解,重庆图书馆的馆藏文献当中,藏有抗战大后方90%的图书品种,98%的报刊品种,堪称抗战大后方历史文献的一大富矿。然而,小至于文学、戏剧、电影、音乐,大至于哲学、史学、法学、经济学、政治学、地理学等方面,这类文献大多数至今仍旧乏人问津。

若能经由政府扶持、机构引领、个人择取以及多向结合等方式,促成尽可能多的人效法凌承纬及其团队,那么期以五年十年,书香重庆建设将如何别开生面,理当是可以预想的。

"说书香比百花放,闻道韵同千木欣。""书中自有连城璧,世上从无点石金。"我曾自撰两联,用以自励读书。如今老朽了,读写艰难了,再也不能奢望有多少作为了。但我始终坚信,精力旺盛的同龄人,尤其是风华正茂的后来人,定然不会让书香重庆建设沦为一纸空谈。所以我将自撰两联引用于此,代作建言结尾。

地址：重庆市渝中区枇杷山正街93号

邮编：400013

编辑部电话：(023)63880156　63880157

电子邮箱：cqwhysyj@126.com

微信公众号：cqwhysyjy

网站：www.cqwhysyj.cn

重庆文化艺术研究QQ群号：294222082